Apresentação

Quantas vezes ouvimos alguém dizer: "Eu queria me dedicar mais à minha vida espiritual, mas não tenho tempo". Com o *Almanaque Wicca 2021*, isso não vai ser mais desculpa, pois você vai aprender rituais e magias rápidas, práticas e eficazes para lidar com alguns dos grandes desafios da vida diária: como combater ataques psíquicos e eliminar energias pesadas; feitiços para se proteger enquanto anda de carro, de bicicleta e até no transporte público; magia para encontrar seus números da sorte e turbinar sua prosperidade; dicas sobre como melhorar a energia da sua casa, e outros encantamentos para os mais variados fins, usando cristais, apanhadores de sonhos, maçãs e ervas mágicas. No nosso dia a dia atribulado, o tempo é de fato nosso recurso mais precioso. Use-o com sabedoria, aproveitando tudo o que o *Almanaque Wicca 2021* tem a oferecer, para tornar sua vida muito mais plena e repleta de magia.

– Denise Rocha

Sumário

Tabelas do Almanaque Wicca (e como usá-las) 3
Calendário Wicca de Janeiro a Dezembro de 2021 12
Como sentir a magia quando não sinto nada 45
Entre no fluxo da magia 50
Como usar a magia para o local de trabalho 58
Magia de proteção para o seu meio de transporte 65
Magia para a casa nova 71
O poder da magia das grades de cristal 78
A maçã e sua magia através dos tempos 85
O poder do silêncio na sua vida 89
Magia e autoconhecimento 95
Ritual para a cura interior 98
Autocura para tempos difíceis 105
A magia da fênix 113
Aprenda a utilizar a magia entrópica de forma positiva 116
Alta magia para combater o mal 122
Saiba como se defender de ataques psíquicos 131
Mude sua realidade com a magia da intenção 138
Quinze ervas magicas brasileiras 145
Feitiço para ajudar você a conseguir seus números da sorte 151
Magias poderosas para aumentar a prosperidade 153
A magia dos apanhadores de sonhos 156
Oração de proteção 160

Tabelas do Almanaque Wicca

Nesta seção, você encontrará todas as tabelas sobre as influências mágicas que o ajudarão a compreender e utilizar melhor o Calendário 2021 do *Almanaque Wicca*.

Mudanças de horário

Todos os horários e datas dos fenômenos astrológicos deste Almanaque e do Calendário estão baseados no fuso horário da cidade de São Paulo (hora de Brasília). Se você mora numa região cujo fuso horário seja diferente, não se esqueça de fazer as devidas adaptações. Em 2021 não haverá horário de verão.

Festivais e datas comemorativas

As datas de alguns festivais mais conhecidos são mencionadas no Calendário ao longo de todo o ano. As datas dos chamados Sabás Menores (Yule, Ostara, Litha e Mabon) dependem do início das estações, por isso podem variar de ano para ano. No caso dos Sabás Maiores (Samhain, Imbolc, Beltane e Lammas), prevalecem as datas em que eles costumam ser celebrados, segundo a tradição. O Calendário menciona as datas de todos os Festivais mais importantes, de acordo com o ciclo sazonal do Hemisfério Norte – indicado pela sigla (HN) – e do Hemisfério Sul – indicado pela sigla (HS). A decisão de celebrar os Festivais de acordo com o ciclo sazonal do Hemisfério Norte ou do Hemisfério Sul fica a critério do leitor. Podemos celebrar qualquer um desses sabás com muita beleza e simplicidade, com uma refeição em família ou acendendo uma vela. Veja na tabela abaixo o significado de cada um dos festivais da Roda do Ano, as datas em que são celebrados em cada hemisfério.

Sabás	Datas	Significado	Alimentos e bebidas	Ervas e Flores	Ornamentos para o altar
Samhain	31/10 (HN) 1/05 (HS)	Festival dos Mortos, época em que o Deus desce aos subterrâneos, aguardando o momento de renascer. Ano Novo dos bruxos	Suco de maçã com fibra, pão de abóbora, melão, moranga, milho, romãs	Artemísia, sálvia, crisântemos, cravos, losna alecrim, tomilho	Maçãs, totós de entes queridos falecidos, folhas de outono, velas cor de laranja
Yule	21-22/12 (HN) 21-22/6 (HS)	Solstício de Inverno, que marca o nascimento do Deus Sol, do ventre da Deusa	Gemada, chá com especiarias, pão com gengibre, bolos de frutas, biscoitos, frutas secas	Pinhas, azevinho, visgo, hera, cedro, louro, cravo-da-índia, alecrim, noz-moscada, canela, gengibre, mirra	Imagens solares, uma flor de bico-de-papagaio, sinos, pinhas
Imbolc	1-2/2 (HN) 1-2/8 (HS)	Época em que a Deusa se recupera do nascimento do Deus	Mel, passas, sopas, leite, queijo iogurte	Salgueiro, mental, endro, junípero	Sempre-vivas, quartzo transparente, flores e velas brancas, leite
Ostara	21-22/3 (HN) 21-22/9 (HS)	Equinócio Vernal ou de Primavera, quando o Deus se aproxima da maturidade e a fertilidade está presente nas flores e na vida selvagem	Ovos, mel, pães doces, sementes de girassol, saladas de folhas	Narciso, madressilva, violeta, peônia, jasmim, gengibre	Estatuetas ou imagens da vida que renasce, como pintinhos, coelhinhos, filhotes em geral.
Beltane	1/5 (HN) 31/10 (HS)	União simbólica entre o Deus e a Deusa, que geram uma nova vida, dando continuidade ao ciclo	Cerejas, morangos, sorvete de baunilha, biscoitos de aveia	Prímula, rosa, bétula, lilás	Imagens de borboleta, símbolo da transformação; flores frescas perfumadas; fitas coloridas; símbolos de união
Litha	21-22/6 (HN) 21-22/12 (HS)	Solstício de verão, quando o Deus está no seu apogeu, assim como o Sol. A Deusa está fecundada pelo Deus.	Limonada, pêssegos, damascos, laranjas, frutas silvestres, melancia	Girassol, camomila, margaridas, menta, erva-doce, tomilho	Fadas, símbolos solares, espelho, fitas ou contas douradas, flores cor-de-laranja

Sabás	Datas	Significado	Alimentos e bebidas	Ervas e Flores	Ornamentos para o altar
Lammas	1-2/8 (HN) 1-2/2 (HS)	Início da colheita. Deus começa a perder a força, mas também está vivo no ventre da Deusa	Pão de milho, pão de centeio, bolachas integrais, sucos de frutas vermelhas	Grãos, flores de acácia, mirtilo, papoulas, sândalo, gengibre	Girassóis, milho, grãos, pipoca, saches de ervas aromáticas
Mabon	21-22/9 (HN) 21-22/3 (HS)	Equinócio do Outono, quando o Deus está mais perto do véu que cobre o mundo subterrâneo e a Deusa lamenta sua perda	Pão de milho, nozes, uvas, cenouras, torta de maçãs	Pinhas, milefólio, canela, sálvia, anis, patchouli, avelã	Símbolo yin-yang, cascas de nozes, folhas de outono, bolotas de carvalho

Dias da semana, planetas, divindades e objetos simbólicos

Cada dia da semana é regido por um planeta, que exerce determinadas influências mágicas. Por tradição, cada dia da semana também é associado a determinados assuntos. Na tabela a seguir você vai encontrar, além do planeta regente de cada dia da semana e os assuntos relacionados a cada um desses planetas, o metal e o objeto simbólico de cada um deles.

	Segunda-feira	Terça-feira	Quarta-feira	Quinta-feira	Sexta-feira	Sábado	Domingo
Planeta	Lua	Marte	Mercúrio	Júpiter	Vênus	Saturno	Sol
Divindade	Selene, Néftis, Ártemis, Isis	Marte/Ares, Tyr, Iansã, Kali	Mercúrio/Hermes, Atena, Sarasvarti, Odin	Thor, Jovis/Júpiter, Rhiannon, Juno, Lakshmi	Vênus/Afrodite, Angus, Parvarti	Hécate, Nêmesis, Saturno	Brigid, Apolo, Lugh, Belisama
Associações	Fertilidade, aumento, trabalho com sonhos	Defesa, proteção, inspiração, superação de obstáculo, coragem, sexo, dança	Comunicação, aprendizado, estudo, provas e testes, questões jurídicas, viagens, ideias, memória, ciência	Generosidade, justiça natural, expansão, propriedades, testamentos, questões familiares	Amor, afeição, amizades, parceria, sedução, sexualidade, beleza, arte	Limites, ligação, exorcismo, disciplina, redução, proteção, desvio	Saúde, felicidade, contentamento, música, poesia
Metal	Prata	Ferro	Mercúrio	Estanho	Cobre	Chumbo	Ouro
Objeto simbólico	Caldeirão	Flecha	Cajado	Tambor	Rosa, estrela	Corrente, cordão	Disco

As estações e a magia

Cada estação carrega consigo uma energia diferente, em sintonia com os fluxos e refluxos da vida. Portanto, verifique a tabela abaixo para saber qual a época mais propícia para fazer seus trabalhos espirituais e mágicos:

Primavera	Verão	Outono	Inverno
Inícios, novos projetos, purificação, limpeza, cultivo de jardim mágico, fertilidade, atrair amor, felicidade	Dinheiro, prosperidade, sucesso, força, coragem, magia do fogo, fortalecer o amor, fidelidade, cura física	Espiritualidade, agradecimento por bênçãos recebidas, banimento de negatividade, proteção, novas aquisições	Reflexão, meditação, cura emocional, divinação, consciência psíquica, descoberta de vidas passadas

Eclipses

O eclipse *solar* acontece durante a Lua Nova, quando esse astro passa exatamente entre a Terra e o Sol, cobrindo-o total ou parcialmente. O eclipse *lunar* acontece quando ela escurece ao passar pela sombra da Terra.

Do ponto de vista científico, existem três tipos de eclipse: o parcial, o total e o anular. O eclipse anular do Sol é um tipo especial de eclipse parcial. Durante um eclipse anular a Lua passa em frente ao Sol, mas acaba por não cobrir completamente o disco da nossa estrela.

Muitas pessoas que praticam magia acreditam que o eclipse seja um sinal de mudança e possa representar um momento decisivo na nossa vida. *Comece o trabalho de magia dez minutos antes do eclipse e continue a trabalhar enquanto ele ocorre, até que tenha terminado. A chave é captar a energia do eclipse e puxar essa energia para o seu trabalho, enquanto o fenômeno estiver em curso.*

Fases da Lua

Um dos métodos mais conhecidos, comprovados e eficazes de obter bons resultados no mundo da magia consiste em sintonizar o feitiço ou ritual com a fase da Lua correspondente. As bruxas devem ter sempre à mão o calendário do *Almanaque Wicca*, com as fases lunares, para ficar a par dos ciclos desse astro.

Fase da Lua	Assuntos favorecidos
Nova	Novo emprego, projeto ou relacionamento, pôr em prática novas ideias, crescimento, expansão
Crescente	Desenvolvimento, prosperidade, compromissos, crescimento, acelerar projetos, aumentar a prosperidade
Cheia	Feitiços de amor, aumentar o poder, potencializar a magia
Minguante	Terminar relacionamentos, dissipar energias negativas, reflexão, combater vícios e situações indesejáveis, fazer renovações, eliminar maldições, combater ataques psíquicos

A Lua nos signos

A Lua se "move" continuamente pelo zodíaco, passando por todos os signos. Cada um deles exerce um tipo de influência sobre as pessoas e suas atividades. A tabela abaixo indica os melhores signos lunares para diferentes tipos de feitiço:

Tipo de feitiço	Áries	Touro	Gêmeos	Câncer	Leão	Virgem	Libra	Escorpião	Sagitário	Capricórnio	Aquário	Peixes
Amor/relacionamentos			•	•			•				•	•
Cura/emoções		•	•			•	•				•	•
Prosperidade/aumento		•		•	•				•	•		
Emprego/comércio			•		•				•	•	•	
Amarração/banimento	•			•	•			•				
Proteção	•	•			•					•		
Fertilidade	•	•				•				•		

Luas fora de curso

A Lua dá uma volta em torno da Terra a cada 28 dias, permanecendo em cada signo do zodíaco durante dois dias e meio, aproximadamente. Quando se aproxima dos últimos graus de um signo, ela acaba atingindo o planeta que está no grau mais alto desse signo, formando com ele um aspecto final antes de deixar o signo. Esse é um aspecto lunar de grande importância na magia. Quando forma esse último aspecto com o planeta até o momento em que sai desse signo para entrar no próximo, dizem que a Lua está fora de curso. Isso dura apenas algumas horas, porém essas horas são de suma importância em toda ação humana e especialmente na prática da magia, já que durante esse período a Lua está sem direção e tudo o que se faça ou comece se revela muito mais imprevisível. Essa é uma das razões por que muitas magias são ineficazes. Quando a Lua está nesse período não se deve começar nada novo, pois isso pode nunca chegar a se realizar.

Obs.: As datas de início e final das Luas fora de curso estão indicadas ao longo do Calendário sob a sigla LFC (*Lua Fora de Curso*).

Lua Negra

A fase lunar denominada Lua Negra acontece mensalmente, nos três dias que antecedem a Lua Nova. A Lua Negra facilita o acesso aos mundos e planos sutis e às profundezas de nossa psique. Por isso é considerada uma fase favorável para trabalhos de transformação e renovação. Ela tem o poder de criar e de destruir, de curar e de regenerar e de descobrir e fluir com o ritmo das mudanças e dos ciclos naturais, dependendo da capacidade individual em reconhecer e integrar sua sombra. É, portanto, um período favorável para rituais de cura, renovação e regeneração. Podemos citar também rituais de eliminação de uma maldição; a correção de uma disfunção, o afastamento dos obstáculos ou das dificuldades à realização afetiva ou profissional; a eliminação de resíduos energéticos negativos de pessoas, objetos e ambientes. **As Luas Negras de 2021 estão indicadas no Calendário.**

Lua Rosa

Na Antiga Tradição, acreditava-se que determinadas Luas cheias tinham uma energia especial para realizar desejos, projetos ou aspirações. Essas Luas, chamadas "Lua Rosa dos Desejos" ou "Lua dos

Pedidos" são os plenilúnios (Luas Cheias) mais próximos dos quatro grandes sabás celtas: Samhain, em 31 de outubro; Imbolc, em 1º de fevereiro; Beltane, em 30 de abril; e Lughnassadh, em 1º de agosto – com um intervalo de três meses entre si. **As Luas Rosas de 2021 estão indicadas no Calendário.**

Lua Vermelha

Na Antiguidade, o ciclo menstrual da mulher seguia as fases da Lua com tanta precisão que a gestação era contada por luas. Com o passar do tempo, a mulher foi se distanciando dessa sintonia e perdendo o contato com o próprio ritmo do corpo, o que gerou vários desequilíbrios hormonais, emocionais e psíquicos. Para restabelecer essa sincronicidade natural, a mulher deve se reconectar à Lua, observando a relação entre as fases lunares e o seu ciclo menstrual.

Cores e incensos de cada dia da semana

São sugeridos para cada dia da semana cores e aromas de incensos, caso queira usar velas e incensos nos seus encantamentos e rituais.

Sabás e Luas de 2021	
6 de janeiro	Lua Minguante às 6h38
13 de janeiro	Lua Nova às 2h01
20 de janeiro	Lua Crescente às 18h03
28 de janeiro	Lua Cheia às 16h17 (Lua Rosa)
2 de fevereiro	Imbolc (HN) Lammas (HS)
4 de fevereiro	Lua Minguante às 14h38
11 de fevereiro	Lua Nova às 16h07
19 de fevereiro	Lua Crescente às 15h48
27 de fevereiro	Lua Cheia às 5h18
5 de março	Lua Minguante às 22h31
13 de março	Lua Nova às 7h22

Sabás e Luas de 2021	
20 de março	Ostara – Equinócio de primavera (HS) Mabon – Equinócio de outono (HN)
21 de março	Lua Crescente às 11h42
28 de março	Lua Cheia às 15h49
4 de abril	Lua Minguante às 7h04
11 de abril	Lua Nova às 23h32
20 de abril	Lua Crescente às 4h
27 de abril	Lua Cheia à 0h33 (Lua Rosa)
30 de abril	Beltane (HN) Samhain (HS)
3 de maio	Lua Minguante às 16h51
11 de maio	Lua Nova às 16h01
19 de maio	Lua Crescente às 16h14
26 de maio	Lua Cheia às 8h15 Eclipse total da Lua às 8h15
2 de junho	Lua Minguante às 4h26
10 de junho	Lua Nova às 7h54 Eclipse total do Sol às 7h54
18 de junho	Lua Crescente à 0h55
21 de junho	Litha – Solstício de Verão (HN) Yule – Solstício de Inverno (HS)
24 de junho	Lua Cheia às 15h41
1º de julho	Lua Minguante às 18h12
9 de julho	Lua Nova às 22h18
17 de julho	Lua Crescente às 7h12
23 de julho	Lua Cheia às 23h38 (Lua Rosa)
31 de julho	Lua Minguante às 10h17
1º de agosto	Lammas (HN) Imbolc (HS)
8 de agosto	Lua Nova às 10h51

Sabás e Luas de 2021	
15 de agosto	Lua Crescente às 12h21
22 de agosto	Lua Cheia às 9h03
30 de agosto	Lua Minguante às 4h14
6 de setembro	Lua Nova às 21h53
13 de setembro	Lua Crescente às 17h41
20 de setembro	Lua Cheia às 20h56
22 de setembro	Mabon – Equinócio de outono (HN) Ostara – Equinócio de primavera (HS)
28 de setembro	Lua Minguante às 22h58
6 de outubro	Lua Nova às 8h07
13 de outubro	Lua Crescente à 0h26
20 de outubro	Lua Cheia às 11h58
28 de outubro	Lua Minguante às 17h06
31 de outubro	Samhain (HN) Beltane (HS)
4 de novembro	Lua Nova às 18h16
11 de novembro	Lua Crescente às 9h47
19 de novembro	Lua Cheia às 5h59 (Lua Rosa) Eclipse parcial da Lua às 5h59
27 de novembro	Lua Minguante às 9h29
4 de dezembro	Lua Nova às 4h44 Eclipse total do Sol às 4h44
10 de dezembro	Lua Crescente às 22h37
19 de dezembro	Lua Cheia à 1h37
21 de dezembro	Yule – Solstício de inverno (HN) Litha – Solstício de verão (HS)
26 de dezembro	Lua Minguante às 23h25

Calendário Wicca
de JANEIRO a DEZEMBRO de 2021

Início LFC = Início da Lua Fora de Curso
Final LFC = Término da Lua Fora de Curso

Janeiro de 2021

Janeiro é consagrado ao deus romano Janus, divindade pré-latina considerada deus do Sol e do dia. Janeiro é uma época cheia de possibilidades, mas ainda contém as restrições, lições e resquícios do ano anterior. Por isso é um período adequado para nos livrarmos do velho e ultrapassado, preparando planos e projetos para novas conquistas, mudanças e realizações. A pedra de janeiro é a granada.

1/1 sexta-feira
Signo da Lua: Leão
Fase da Lua: Cheia
Cor: Branco ✢ Incenso: Ilangue-ilangue
Dia Mundial da Paz
Dia consagrado ao par divino Zeus e Hera
Festival romano de Strenia, com troca de presentes
Januálias

2/1 sábado
Signo da Lua: Virgem às 22h14
Fase da Lua: Cheia
Início LFC: 19h01
Final LFC: 22h14
Cor: Cinza ✢ Incenso: Rosas
Advento de Isis
Celebração das Nornes, deusas do destino

3/1 domingo
Signo da Lua: Virgem
Fase da Lua: Cheia
Cor: cor-de-rosa ✢ Incenso: Arruda
Festival romano em honra de Pax, deusa da paz
Festival Lanaia em honra a Dioniso

4/1 segunda-feira
Signo da Lua: Virgem
Fase da Lua: Cheia
Início LFC: 18h35
Cor: laranja ✢ Incenso: Mirra
Ritual coreano das Sete Estrelas

5/1 terça-feira
Signo da Lua: Libra às 2h43
Fase da Lua: Cheia
Final LFC: 2h43
Cor: azul-marinho ✢ Incenso: Patchouli
Festa de Bafana, na Itália, reminiscência da antiga celebração à deusa Befana, a Anciã, também chamada de La Vecchia ou La Strega

6/1 quarta-feira
Signo da Lua: Libra

Fase da Lua: Minguante às 6h38
Cor: amarelo ✢ Incenso: Benjoim
Dia de Morrigan, deusa tríplice celta
Epifania ou Dia de Reis

7/1 quinta-feira
Signo da Lua: Escorpião às 5h55
Fase da Lua: Minguante
Início LFC: 2h56
Final LFC: 5h55
Cor: verde ✢ Incenso: Olíbano
Dia da Liberdade de Cultos
Sekhmet, Ano Novo Egípcio

8/1 sexta-feira
Signo da Lua: Escorpião
Fase da Lua: Minguante
Início LFC: 23h00
Cor: Vermelho ✢ Incenso: Alecrim
Ano Novo dos Druidas
Festival de Justitia, em honra da deusa romana da justiça
Dia de Freia, deusa nórdica do amor, da fertilidade e da magia

9/1 sábado
Signo da Lua: Sagitário às 8h16
Fase da Lua: Minguante
Final LFC: 8h16
Cor: Azul ✢ Incenso: Lavanda
Festa da Agonia, dedicada ao deus Janus, padroeiro do mês

10/1 domingo
Signo da Lua: Sagitário
Fase da Lua: Minguante (Lua Negra)
Início LFC: 15h30
Cor: Laranja ✢ Incenso: Capim-limão
Início da Carmentália, festival dedicado à deusa Carmenta (até 15/01)

11/1 segunda-feira
Signo da Lua: Capricórnio às 10h31
Fase da Lua: Minguante (Lua Negra)
Final LFC: 10h31
Cor: Azul ✢ Incenso: Canela
Dia de Frigga, deusa nórdica consorte do deus Odin

12/1 terça-feira
Signo da Lua: Capricórnio
Fase da Lua: Minguante (Lua Negra)
Cor: Roxo ✢ Incenso: Sálvia
Festival de Compitália, em honra dos Lares
Festival indiano de Sarasvati, deusa dos rios, das artes e do conhecimento

13/1 quarta-feira
Signo da Lua: Aquário às 13h45
Fase da Lua: Nova às 2h01
Início LFC: 4h23
Final LFC: 13h45
Cor: Lilás ✢ Incenso: Lavanda

14/1 quinta-feira
Signo da Lua: Aquário
Fase da Lua: Nova
Início LFC: 6h29
Cor: Preto ✢ Incenso: Rosas
Makara Sankranti, celebração hindu com banho no rio Ganges

15/1 sexta-feira
Signo da Lua: Peixes às 19h18
Fase da Lua: Nova
Final LFC: 19h18
Cor: Branco ✢ Incenso: Mirra

16/1 sábado
Signo da Lua: Peixes
Fase da Lua: Nova
Cor: Azul-marinho ✢ Incenso: Arruda
Festival da Concórdia, deusa romana das relações harmoniosas
Festival hindu de Ganesha, deus-elefante, filho da deusa Parvati

17/1 domingo
Signo da Lua: Peixes

CALENDÁRIO WICCA

Fase da Lua: Nova
Cor: Cinza ✢ Incenso: Benjoim
Festival celta das Macieiras
Dia de Felicitas, deusa romana da boa sorte e da felicidade
Dia da deusa grega Atena em seu aspecto guerreira

18/1 segunda-feira
Signo da Lua: Áries às 4h08
Fase da Lua: Nova
Início LFC: 0h46
Final LFC: 4h08
Cor: Laranja ✢ Incenso: Mirra
Festival hindu ao deus e à deusa Surya, divindades solares regentes da luz

19/1 terça-feira
Signo da Lua: Áries
Fase da Lua: Nova
O Sol entra em Aquário às 17h41
Cor: Cor-de-rosa ✢ Incenso: Patchouli

20/1 quarta-feira
Signo da Lua: Touro às 15h57
Fase da Lua: Crescente às 18h03
Início LFC: 5h30
Final LFC: 15h57
Cor: Laranja ✢ Incenso: Rosas
Dia da Santa Inês ou Agnes, época da divinação pelo fogo

21/1 quinta-feira
Signo da Lua: Touro
Fase da Lua: Crescente
Cor: Azul-marinho ✢ Incenso: Olíbano
Celebração de Baba Yaga, nos países eslavos
Dia Mundial da Religião

22/1 sexta-feira
Signo da Lua: Touro
Fase da Lua: Crescente
Início LFC: 18h29
Cor: Marrom ✢ Incenso: Arruda

Festival das Musas, honrando as deusas da poesia, da arte, da música e da dança

23/1 sábado
Signo da Lua: Gêmeos às 4h44
Fase da Lua: Crescente
Final LFC: 4h44
Cor: Preto ✢ Incenso: Rosas
Celebração da deusa lunar egípcia Hathor, deusa da beleza, do amor e da arte

24/1 domingo
Signo da Lua: Gêmeos
Fase da Lua: Crescente
Cor: Lilás ✢ Incenso: Ilangue-ilangue

25/1 segunda-feira
Signo da Lua: Câncer às 15h53
Fase da Lua: Crescente
Início LFC: 4h18
Final LFC: 15h53
Cor: Roxo ✢ Incenso: Arruda

26/1 terça-feira
Signo da Lua: Câncer
Fase da Lua: Crescente
Cor: Azul ✢ Incenso: Mirra
Celebração de Cernunnos, o deus celta da fertilidade, senhor dos animais e da vegetação

27/1 quarta-feira
Signo da Lua: Leão às 23h55
Fase da Lua: Crescente
Início LFC: 14h56
Final LFC: 23h55
Cor: Azul ✢ Incenso: Lavanda
Feriae Sementiva, festival romano em honra às deusas dos grãos e da colheita

28/1 quinta-feira
Signo da Lua: Leão
Fase da Lua: Cheia às 16h17
(Lua Rosa)

Cor: Vermelho ✢ Incenso: Sálvia
Dia da deusa Pele, padroeira do Havaí,
guardiã do fogo vulcânico

29/1 sexta-feira
Signo da Lua: Leão
Fase da Lua: Cheia
Início LFC: 22h54
Cor: Verde ✢ Incenso: Canela
Celebração de Concórdia,
a deusa romana da paz e da
harmonia domésticas

30/1 sábado
Signo da Lua: Virgem às 5h04
Fase da Lua: Cheia
Final LFC: 5h04

Cor: Amarelo ✢ Incenso: Capim-limão
Festival da Paz, dedicado à deusa
romana Pax
Celebração das deusas da cura Anceta e
Angitia, cujas ervas sagradas e
encantamentos curavam as febres e
picadas de cobra
Festa de Nosso Senhor do Bonfim e de
Nossa Senhora das Águas

31/1 domingo
Signo da Lua: Virgem
Fase da Lua: Cheia
Cor: Cor-de-rosa ✢ Incenso: Rosas
Véspera de Fevereiro, início do festival
de Imbolc
Dia consagrado às Valquírias e às Parcas

Fevereiro de 2021

O nome deste mês deriva da deusa romana Fébrua, mãe de Marte. Fevereiro é um mês propício tanto para as reconfirmações do caminho espiritual quanto para as iniciações, dedicando a sua devoção a uma divindade com a qual você tenha afinidade. Na tradição Wicca, o sabá Imbolc, ou Candlemas, celebra a deusa tríplice Brighid, a Senhora do Fogo Criador, da Arte e da Magia. É uma data favorável às iniciações e renovações dos compromissos espirituais, bem como para purificações ritualísticas, práticas oraculares e cerimônias com fogo.

1/2 segunda-feira
Signo da Lua: Libra às 8h26
Fase da Lua: Cheia
Início LFC: 8h11
Final LFC: 8h26
Cor: Branco ✢ Incenso: Alecrim
Festival da deusa celta Brighid
Véspera de Imbolc/Lammas

2/2 terça-feira
Signo da Lua: Libra
Fase da Lua: Cheia
Cor: Laranja ✢ Incenso: Olíbano

Festival de Juno Fébrua, a deusa que
preside o mês de fevereiro
Festa de Iemanjá
Imbolc (HN)
Lammas (HS)

3/2 quarta-feira
Signo da Lua: Escorpião às 11h16
Fase da Lua: Cheia
Início LFC: 3h16
Final LFC: 11h16
Cor: Cinza ✢ Incenso: Benjoim

4/2 quinta-feira
Signo da Lua: Escorpião
Fase da Lua: Minguante às 14h38
Cor: Cor-de-rosa ✤ Incenso: Patchouli

5/2 sexta-feira
Signo da Lua: Sagitário às 14h18
Fase da Lua: Minguante
Início LFC: 6h21
Final LFC: 14h18
Cor: Laranja ✤ Incenso: Mirra

6/2 sábado
Signo da Lua: Sagitário
Fase da Lua: Minguante
Cor: Azul-marinho ✤ Incenso: Arruda
Festival em honra de Afrodite, deusa grega do amor

7/2 domingo
Signo da Lua: Capricórnio às 17h53
Fase da Lua: Minguante
Início LFC: 3h17
Final LFC: 17h53
Cor: Marrom ✤ Incenso: Rosas

8/2 segunda-feira
Signo da Lua: Capricórnio
Fase da Lua: Minguante (Lua Negra)
Cor: Preto ✤ Incenso: Ilangue-ilangue

9/2 terça-feira
Signo da Lua: Aquário às 22h21
Fase da Lua: Minguante (Lua Negra)
Início LFC: 14h23
Final LFC: 22h21
Cor: Lilás ✤ Incenso: Lavanda
Dia de Apolo, a divindade do Sol

10/2 quarta-feira
Signo da Lua: Aquário
Fase da Lua: Minguante (Lua Negra)
Cor: Roxo ✤ Incenso: Sálvia

11/2 quinta-feira
Signo da Lua: Aquário
Fase da Lua: Nova às 16h07
Início LFC: 16h07
Cor: Azul ✤ Incenso: Canela

12/2 sexta-feira
Signo da Lua: Peixes às 4h24
Fase da Lua: Nova
Final LFC: 4h24
Cor: Azul ✤ Incenso: Capim-limão
Dia consagrado às deusas da caça, Ártemis e Diana
Ano-Novo Chinês (Boi)

13/2 sábado
Signo da Lua: Peixes
Fase da Lua: Nova
Cor: Vermelho ✤ Incenso: Alecrim
Parentálias, festival romano em honra dos mortos (até 31/02)

14/2 domingo
Signo da Lua: Áries às 12h55
Fase da Lua: Nova
Início LFC: 4h30
Final LFC: 12h55
Cor: Verde ✤ Incenso: Olíbano
Dia de São Valentim, festival do amor, também dedicado a Juno Fébrua

15/2 segunda-feira
Signo da Lua: Áries
Fase da Lua: Nova
Cor: Amarelo ✤ Incenso: Benjoim
Lupercais, festival romano em honra do deus Pã

16/2 terça-feira
Signo da Lua: Áries
Fase da Lua: Nova
Início LFC: 21h18
Cor: Branco ✤ Incenso: Patchouli
Faunálias, festas romanas em honra dos faunos

17/2 quarta-feira
Signo da Lua: Touro à 0h13
Fase da Lua: Nova
Final LFC: 0h13
Cor: Cinza ✣ Incenso: Mirra
Dia da deusa Kali na Índia
Cinzas

18/2 quinta-feira
Signo da Lua: Touro
Fase da Lua: Nova
O Sol entra em Peixes às 7h45
Cor: Cor-de-rosa ✣ Incenso: Arruda

19/2 sexta-feira
Signo da Lua: Gêmeos às 13h05
Fase da Lua: Crescente às 15h48
Início LFC: 4h29
Final LFC: 13h05
Cor: Azul-marinho ✣ Incenso: Rosas

20/2 sábado
Signo da Lua: Gêmeos
Fase da Lua: Crescente
Cor: Laranja ✣ Incenso: Ilangue-
-ilangue

21/2 domingo
Signo da Lua: Gêmeos
Fase da Lua: Crescente
Início LFC: 15h40
Cor: Lilás ✣ Incenso: Olíbano
Ferálias, festas romanas em honra dos deuses Manes, espíritos dos mortos

22/2 segunda-feira
Signo da Lua: Câncer à 0h54
Fase da Lua: Crescente
Final LFC: 0h54
Cor: Marrom Incenso: Alecrim
Festival romano da deusa Concórdia
Festival das Lanternas

23/2 terça-feira
Signo da Lua: Câncer
Fase da Lua: Crescente
Cor: Vermelho ✣ Incenso: Capim-
-limão
Terminálias, festival romano em honra de Termo, deus das fronteiras

24/2 quarta-feira
Signo da Lua: Leão às 9h24
Fase da Lua: Crescente
Início LFC: 1h55
Final LFC: 9h24
Cor: Lilás ✣ Incenso: Canela

25/2 quinta-feira
Signo da Lua: Leão
Fase da Lua: Crescente
Cor: Preto ✣ Incenso: Sálvia

26/2 sexta-feira
Signo da Lua: Virgem às 14h08
Fase da Lua: Crescente
Início LFC: 8h33
Final LFC: 14h08
Cor: Cor-de-rosa ✣ Incenso: Lavanda

27/2 sábado
Signo da Lua: Virgem
Fase da Lua: Cheia às 5h18
Cor: Laranja ✣ Incenso: Ilangue-
-ilangue
Dia da Anciã

28/2 domingo
Signo da Lua: Libra às 16h18
Fase da Lua: Cheia
Início LFC: 12h59
Final LFC: 16h18
Cor: Roxa ✣ Incenso: Rosas

Março de 2021

O mês de março é consagrado ao deus romano da guerra, Marte, contraparte do grego Ares. Para os romanos este mês representava o início do Ano-Novo, começando no equinócio de primavera, em torno do dia 21, data mantida até hoje como o início do Ano Zodiacal. A pedra natal de março é o jaspe sanguíneo ou heliotrópio.

1/3 segunda-feira
Signo da Lua: Libra
Fase da Lua: Cheia
Cor: Azul ✣ Incenso: Rosas
Matronálias, festas romanas em homenagem à maternidade de Juno, protetora dos casamentos
Dia em que as vestais alimentavam o fogo sagrado, anunciando o Ano-Novo Romano

2/3 terça-feira
Signo da Lua: Escorpião às 17h39
Fase da Lua: Cheia
Início LFC: 11h11
Final LFC: 17h39
Cor: Vermelho ✣ Incenso: Arruda
Dia consagrado a Ceadda, deusa das fontes e poços sagrados

3/3 quarta-feira
Signo da Lua: Escorpião
Fase da Lua: Cheia
Cor: Verde ✣ Incenso: Mirra
Isidis Navigatum, Bênção egípcia das Frotas

4/3 quinta-feira
Signo da Lua: Sagitário às 19h44
Fase da Lua: Cheia
Início LFC: 13h11
Final LFC: 19h44
Cor: Amarelo ✣ Incenso: Patchouli
Festival celta em honra a Rhiannon, deusa donzela, relacionada à deusa Perséfone

5/3 sexta-feira
Signo da Lua: Sagitário
Fase da Lua: Minguante às 22h31
Cor: Branco ✣ Incenso: Benjoim

6/3 sábado
Signo da Lua: Capricórnio às 23h21
Fase da Lua: Minguante
Início LFC: 6h45
Final LFC: 23h21
Cor: Cinza ✣ Incenso: Olíbano

7/3 domingo
Signo da Lua: Capricórnio
Fase da Lua: Minguante
Cor: Laranja ✣ Incenso: Alecrim

8/3 segunda-feira
Signo da Lua: Capricórnio
Fase da Lua: Minguante
Início LFC: 21h54
Cor: Cor-de-rosa ✣ Incenso: Capim-limão
Dia Internacional da Mulher

9/3 terça-feira
Signo da Lua: Aquário às 4h42
Fase da Lua: Minguante
Final LFC: 4h42
Cor: Vermelho ✣ Incenso: Canela

10/3 quarta-feira
Signo da Lua: Aquário
Fase da Lua: Minguante (Lua Negra)
Cor: Verde ✣ Incenso: Sálvia

11/3 quinta-feira
Signo da Lua: Peixes às 11h45
Fase da Lua: Minguante (Lua Negra)
Início LFC: 0h33
Final LFC: 11h45
Cor: Laranja ✣ Incenso: Lavanda

12/3 sexta-feira
Signo da Lua: Peixes
Fase da Lua: Minguante (Lua Negra)
Cor: Azul ✣ Incenso: Ilangue-ilangue
Festa de Marduk, deus supremo da Babilônia
Dia do Martírio de Hipátia, conhecida como a Pagã Divina

13/3 sábado
Signo da Lua: Áries às 20h45
Fase da Lua: Nova às 7h22
Início LFC: 13h39
Final LFC: 20h45
Cor: Azul-marinho ✣ Incenso: Rosas
Dia da Sorte na Wicca

14/3 domingo
Signo da Lua: Áries
Fase da Lua: Nova
Cor: Marrom ✣ Incenso: Arruda
Dia de Ua Zit, deusa-serpente egípcia

15/3 segunda-feira
Signo da Lua: Áries
Fase da Lua: Nova
Cor: Preto ✣ Incenso: Mirra
Festival romano em honra de Ana Perena, deusa dos anos
Festival em honra de Átis e Cibele
Dia sagrado de Reia, deusa grega da terra, mãe de Zeus e um aspecto da Grande Mãe

16/3 terça-feira
Signo da Lua: Touro às 7h57
Fase da Lua: Nova
Início LFC: 0h41
Final LFC: 7h57
Cor: Lilás ✣ Incenso: Patchouli
Festival do deus grego Dioniso, deus do vinho
Dia dedicado a Morgan Le Fay

17/3 quarta-feira
Signo da Lua: Touro
Fase da Lua: Nova
Cor: Roxo ✣ Incenso: Benjoim
Liberálias, festas romanas em honra de Líber, deus da fecundidade

18/3 quinta-feira
Signo da Lua: Gêmeos às 20h48
Fase da Lua: Nova
Início LFC: 17h41
Final LFC: 20h48
Cor: Azul ✣ Incenso: Olíbano

19/3 sexta-feira
Signo da Lua: Gêmeos
Fase da Lua: Nova
Cor: Vermelho ✣ Incenso: Alecrim
Quinquátrias, festas romanas em honra de Minerva, deusa que personificava o pensamento (até 23/03)
A véspera do equinócio é um dos festivais da deusa grega Atena

20/3 sábado
Signo da Lua: Gêmeos
Fase da Lua: Nova
Início do Outono às 6h39
O Sol entra em Áries às 6h39
Cor: Verde ✣ Incenso: Capim-limão
Ostara – Equinócio de Primavera (HN)
Mabon – Equinócio de Outono (HS)

21/3 domingo
Signo da Lua: Câncer às 9h19
Fase da Lua: Crescente às 11h42
Início LFC: 9h05
Final LFC: 9h19
Cor: Amarelo ✣ Incenso: Canela

22/3 segunda-feira
Signo da Lua: Câncer
Fase da Lua: Crescente
Cor: Vermelho ✢ Incenso: Sálvia

23/3 terça-feira
Signo da Lua: Leão às 18h57
Fase da Lua: Crescente
Início LFC: 12h27
Final LFC: 18h57
Cor: Branco ✢ Incenso: Lavanda

24/3 quarta-feira
Signo da Lua: Leão
Fase da Lua: Crescente
Cor: Cinza ✢ Incenso: Ilangue-
-ilangue
Dia da deusa guardiã Albion ou Britânia (Grã-Bretanha)

25/3 quinta-feira
Signo da Lua: Leão
Fase da Lua: Crescente
Início LFC: 10h29
Cor: Cor-de-rosa ✢ Incenso: Rosas
Hilárias, festas romanas em honra de Cibele

26/3 sexta-feira
Signo da Lua: Virgem à 0h27
Fase da Lua: Crescente
Final LFC: 0h27
Cor: Laranja ✢ Incenso: Arruda

27/3 sábado
Signo da Lua: Virgem
Fase da Lua: Crescente
Início LFC: 20h49
Cor: Azul-marinho ✢ Incenso: Mirra

28/3 domingo
Signo da Lua: Libra às 2h23
Fase da Lua: Cheia às 15h49
Final LFC: 2h23
Cor: Marrom ✢ Incenso: Patchouli
Antiga data do nascimento de Jesus

29/3 segunda-feira
Signo da Lua: Libra
Fase da Lua: Cheia
Início LFC: 21h09
Cor: Preto ✢ Incenso: Benjoim
Festival da deusa egípcia Ishtar

30/3 terça-feira
Signo da Lua: Escorpião às 2h34
Fase da Lua: Cheia
Final LFC: 2h34
Cor: Lilás ✢ Incenso: Olíbano
Festival de Luna, deusa romana da Lua

31/3 quarta-feira
Signo da Lua: Escorpião
Fase da Lua: Cheia
Início LFC: 21h30
Cor: Roxo ✢ Incenso: Alecrim

Abril de 2021

O nome do mês de abril deriva da deusa grega Afrodite (a Vênus romana). O nome anglo-saxão deste mês era Easter Monath, que até hoje é mantido na palavra "Easter" (Páscoa). Reverenciava-se a deusa da primavera e da fertilidade, Eostre. A última noite deste mês é uma data muito importante na tradição Wicca: celebra-se o sabá Beltaine, reencenando o casamento sagrado da deusa da terra com o deus da vegetação. A pedra natal de abril é o diamante.

1/4 quinta-feira
Signo da Lua: Sagitário às 3h
Fase da Lua: Cheia
Final LFC: 3h

Cor: Azul ✥ Incenso: Capim-limão
Venerálias, festival romano em honra de Vênus, deusa da beleza e do amor

2/4 sexta-feira
Signo da Lua: Sagitário
Fase da Lua: Cheia
Cor: Vermelho ✥ Incenso: Canela
Festival de Cibele, a Grande Mãe
Sexta-feira Santa

3/4 sábado
Signo da Lua: Capricórnio às 5h14
Fase da Lua: Cheia
Início LFC: 2h25
Final LFC: 5h14
Cor: Verde ✥ Incenso: Sálvia

4/4 domingo
Signo da Lua: Capricórnio
Fase da Lua: Minguante às 7h04
Cor: Azul ✥ Incenso: Lavanda
Megalésias, festas romanas em honra de Cibele, a Mãe dos Deuses
Páscoa

5/4 segunda-feira
Signo da Lua: Aquário às 10h05
Fase da Lua: Minguante
Início LFC: 4h06
Final LFC: 10h05
Cor: Amarelo ✥ Incenso: Ilangue-ilangue
Festival chinês em honra de Kuan Yin, deusa da cura

6/4 terça-feira
Signo da Lua: Aquário
Fase da Lua: Minguante
Cor: Branco ✥ Incenso: Rosas

7/4 quarta-feira
Signo da Lua: Peixes às 17h32
Fase da Lua: Minguante
Início LFC: 7h06
Final LFC: 17h32
Cor: Cinza ✥ Incenso: Arruda
Dia Mundial da Saúde

8/4 quinta-feira
Signo da Lua: Peixes
Fase da Lua: Minguante (Lua Negra)
Cor: Cor-de-rosa ✥ Incenso: Patchouli

9/4 sexta-feira
Signo da Lua: Peixes
Fase da Lua: Minguante (Lua Negra)
Início LFC: 20h49
Cor: Laranja ✥ Incenso: Benjoim

10/4 sábado
Signo da Lua: Áries às 3h12
Fase da Lua: Minguante (Lua Negra)
Final LFC: 3h12
Cor: Azul-marinho ✥ Incenso: Olíbano
Dança do Sol no druidismo

11/4 domingo
Signo da Lua: Áries
Fase da Lua: Nova às 23h32
Cor: Marrom ✥ Incenso: Alecrim

12/4 segunda-feira
Signo da Lua: Touro às 14h45
Fase da Lua: Nova
Início LFC: 9h08
Final LFC: 14h45
Cor: Preto ✥ Incenso: Capim-limão

13/4 terça-feira
Signo da Lua: Touro
Fase da Lua: Nova
Cor: Lilás ✥ Incenso: Canela
Festival de primavera de Libertas, a deusa romana da Liberdade
Cereálias, festival romano em homenagem a Ceres, deusa da Terra e seus frutos

CALENDÁRIO WICCA

14/4 quarta-feira
Signo da Lua: Touro
Fase da Lua: Nova
Início LFC: 21h01
Cor: Roxo ✢ Incenso: Sálvia

15/4 quinta-feira
Signo da Lua: Gêmeos às 3h36
Fase da Lua: Nova
Final LFC: 3h36
Cor: Azul ✢ Incenso: Lavanda
Fordicálias, festas romanas em honra de Tellus, a personificação da Terra

16/4 sexta-feira
Signo da Lua: Gêmeos
Fase da Lua: Nova
Cor: Vermelho ✢ Incenso: Ilangue-ilangue
Festival em honra do deus grego Apolo
Antigo festival a deusa Tellus, muitas vezes chamada Tellus Mater, a Mãe Terra

17/4 sábado
Signo da Lua: Câncer às 16h26
Fase da Lua: Nova
Início LFC: 12h04
Final LFC: 16h26
Cor: Verde ✢ Incenso: Arruda

18/4 domingo
Signo da Lua: Câncer
Fase da Lua: Nova
Cor: Amarelo ✢ Incenso: Mirra

19/4 segunda-feira
Signo da Lua: Câncer
Fase da Lua: Nova
Início LFC: 21h05
O Sol entra em Touro às 17h35
Cor: Branco ✢ Incenso: Rosas

20/4 terça-feira
Signo da Lua: Leão às 3h12
Fase da Lua: Crescente às 4h
Final LFC: 3h12
Cor: Cinza ✢ Incenso: Patchouli

21/4 quarta-feira
Signo da Lua: Leão
Fase da Lua: Crescente
Cor: Cor-de-rosa ✢ Incenso: Benjoim
Parílias, festas romanas em honra de Pales, deusa dos pastores e das pastagens
Tiradentes

22/4 quinta-feira
Signo da Lua: Virgem às 10h09
Fase da Lua: Crescente
Início LFC: 9h06
Final LFC: 10h09
Cor: Laranja ✢ Incenso: Olíbano
Dia da Terra

23/4 sexta-feira
Signo da Lua: Virgem
Fase da Lua: Crescente
Cor: Azul-marinho ✢ Incenso: Alecrim
Vinálias, festas romanas em honra de Júpiter
Dia de São Jorge

24/4 sábado
Signo da Lua: Libra às 13h07
Fase da Lua: Crescente
Início LFC: 7h51
Final LFC: 13h07
Cor: Marrom ✢ Incenso: Capim-limão
Véspera do Dia de São Marcos, uma das noites tradicionais para se adivinhar o futuro

25/4 domingo
Signo da Lua: Libra
Fase da Lua: Crescente
Cor: Preto ✢ Incenso: Canela
Robigálias, festas romanas em honra de Robigo, deus dos trigais

26/4 segunda-feira
Signo da Lua: Escorpião às 13h19
Fase da Lua: Crescente
Início LFC: 9h41
Final LFC: 13h19
Cor: Lilás ✥ Incenso: Ilangue-ilangue

27/4 terça-feira
Signo da Lua: Escorpião
Fase da Lua: Cheia à 0h33 (Lua Rosa)
Cor: Roxo ✥ Incenso: Rosas

28/4 quarta-feira
Signo da Lua: Sagitário às 12h44
Fase da Lua: Cheia
Início LFC: 9h33
Final LFC: 12h44
Cor: Azul ✥ Incenso: Arruda

Florálias, festas romanas em honra de Flora, deusa da primavera e dos prazeres da juventude

29/4 quinta-feira
Signo da Lua: Sagitário
Fase da Lua: Cheia
Cor: Vermelho ✥ Incenso: Mirra

30/4 sexta-feira
Signo da Lua: Capricórnio às 13h17
Fase da Lua: Cheia
Início LFC: 10h28
Final LFC: 13h17
Cor: Verde ✥ Incenso: Patchouli
Beltane – Véspera de Maio (HN)
Samhain (HS)

Maio de 2021

Maio, o mês dos casamentos, tem esse nome graças à deusa Maia, uma das Sete Irmãs Gregas (As Plêiades) e mãe de Hermes. Maio é o mês tradicional das festas e dos jogos de amor. O Dia de Maio é um dos mais importantes do ano. Ele recebe muitos nomes diferentes, um deles é La Beltaine. Beltane e a sexta estação do ano, da união mística. Por tradição, maio é o mês do surgimento da Deusa Mãe na Terra, seja na forma das Deusas da Wicca, de Mãe Maria e de várias deusas de outras religiões. Ela também é a representante do arquétipo da Mãe. A esmeralda é a pedra natal de maio.

1/5 sábado
Signo da Lua: Capricórnio
Fase da Lua: Cheia
Cor: Amarelo ✥ Incenso: Rosas
Festival de Belenus, deus celta do fogo e do Sol
Festa romana a Fauna, deusa da fertilidade
Dia do Trabalho
Dia de Maio

2/5 domingo
Signo da Lua: Aquário às 16h32
Fase da Lua: Cheia
Início LFC: 11h39
Final LFC: 16h32
Cor: Branco ✥ Incenso: Arruda

3/5 segunda-feira
Signo da Lua: Aquário
Fase da Lua: Minguante às 16h51

CALENDÁRIO WICCA

Início LFC: 23h26
Cor: Cinza ✤ Incenso: Mirra

4/5 terça-feira
Signo da Lua: Peixes às 23h10
Fase da Lua: Minguante
Início LFC: 21h07
Final LFC: 23h10
Cor: Cor-de-rosa ✤ Incenso: Patchouli

5/5 quarta-feira
Signo da Lua: Peixes
Fase da Lua: Minguante
Cor: Laranja ✤ Incenso: Benjoim

6/5 quinta-feira
Signo da Lua: Peixes
Fase da Lua: Minguante
Cor: Azul-marinho ✤ Incenso: Olíbano

7/5 sexta-feira
Signo da Lua: Áries às 8h54
Fase da Lua: Minguante
Início LFC: 4h37
Final LFC: 8h54
Cor: Marrom ✤ Incenso: Alecrim

8/5 sábado-feira
Signo da Lua: Áries
Fase da Lua: Minguante (Lua Negra)
Cor: Preto ✤ Incenso: Capim-limão
Festival da Mente, deusa romana da inteligência e da espirituosidade

9/5 domingo
Signo da Lua: Touro às 20h48
Fase da Lua: Minguante (Lua Negra)
Início LFC: 19h51
Final LFC: 20h48
Cor: Lilás ✤ Incenso: Canela
Lemúrias, festas romanas para afastar os Lêmures, maus espíritos, celebradas também nos dias 11 e 13 de maio
Dia das Mães

10/5 segunda-feira
Signo da Lua: Touro
Fase da Lua: Minguante (Lua Negra)
Cor: Roxo ✤ Incenso: Sálvia

11/5 terça-feira
Signo da Lua: Touro
Fase da Lua: Nova às 16h01
Cor: Marrom ✤ Incenso: Lavanda

12/5 quarta-feira
Signo da Lua: Gêmeos às 9h44
Fase da Lua: Nova
Início LFC: 9h24
Final LFC: 9h44
Cor: Azul ✤ Incenso: Rosas

13/5 quinta-feira
Signo da Lua: Gêmeos
Fase da Lua: Nova
Cor: Laranja ✤ Incenso: Arruda

14/5 sexta-feira
Signo da Lua: Câncer às 22h32
Fase da Lua: Nova
Início LFC: 7h52
Final LFC: 22h32
Cor: Vermelho ✤ Incenso: Ilangue-
-ilangue

15/5 sábado
Signo da Lua: Câncer
Fase da Lua: Nova
Cor: Cinza ✤ Incenso: Patchouli
Mercuriais, festas romanas em honra de Mercúrio, deus do comércio

16/5 domingo
Signo da Lua: Câncer
Fase da Lua: Nova
Cor: Verde ✤ Incenso: Mirra

17/5 segunda-feira
Signo da Lua: Leão às 9h45

Fase da Lua: Nova
Início LFC: 3h24
Final LFC: 9h45
Cor: Amarelo ✣ Incenso: Patchouli
Festival de Dea Dia, a deusa em seu aspecto cosmos, mãe de todos nós

18/5 terça-feira
Signo da Lua: Leão
Fase da Lua: Nova
Cor: Branco ✣ Incenso: Benjoim
Dia consagrado a Apolo, deus greco-romano da música, da poesia, da divinação e da luz do sol

19/5 quarta-feira
Signo da Lua: Virgem às 18h
Fase da Lua: Crescente às 16h14
Início LFC: 16h14
Final LFC: 18h
Cor: Cinza ✣ Incenso: Olíbano

20/5 quinta-feira
Signo da Lua: Virgem
Fase da Lua: Crescente
O Sol entra em Gêmeos às 16h38
Cor: Cor-de-rosa ✣ Incenso: Alecrim
Dia de Atenas na Grécia

21/5 sexta-feira
Signo da Lua: Libra às 22h37
Fase da Lua: Crescente
Início LFC: 16h57
Final LFC: 22h37
Cor: Laranja ✣ Incenso: Capim-limão
Celebração da deusa celta Maeve, deusa da sabedoria da terra

22/5 sábado
Signo da Lua: Libra
Fase da Lua: Crescente
Cor: Azul-marinho ✣ Incenso: Canela

23/5 domingo
Signo da Lua: Libra
Fase da Lua: Crescente
Início LFC: 18h38
Cor: Marrom ✣ Incenso: Sálvia
Festival das Rosas, em homenagem à deusa romana Flora

24/5 segunda-feira
Signo da Lua: Escorpião à 0h02
Fase da Lua: Crescente
Final LFC: 0h02
Cor: Preto ✣ Incenso: Lavanda

25/5 terça-feira
Signo da Lua: Sagitário às 23h40
Fase da Lua: Crescente
Início LFC: 18h21
Final LFC: 23h40
Cor: Lilás ✣ Incenso: Ilangue-ilangue

26/5 quarta-feira
Signo da Lua: Sagitário
Fase da Lua: Cheia às 8h15
Eclipse Total da Lua às 8h15
Cor: Roxo ✣ Incenso: Rosas

27/5 quinta-feira
Signo da Lua: Capricórnio às 23h25
Fase da Lua: Cheia
Início LFC: 14h37
Final LFC: 23h25
Cor: Azul ✣ Incenso: Arruda

28/5 sexta-feira
Signo da Lua: Capricórnio
Fase da Lua: Cheia
Cor: Vermelho ✣ Incenso: Mirra

29/5 sábado
Signo da Lua: Capricórnio
Fase da Lua: Cheia
Início LFC: 19h16
Cor: Verde ✣ Incenso: Patchouli

CALENDÁRIO WICCA

30/5 domingo
Signo da Lua: Aquário à 1h05
Fase da Lua: Cheia
Final LFC: 1h05
Cor: Verde ✢ Incenso: Benjoim

31/5 segunda-feira
Signo da Lua: Aquário
Fase da Lua: Cheia
Cor: Amarelo ✢ Incenso: Olíbano
Selistérnio romano, festival de Ísis como Stella Maris (Estrela do Mar)

Junho de 2021

O nome do mês de junho deriva da grande Deusa Mãe dos romanos, Juno, a Hera grega. Como Juno é a guardiã divina do sexo feminino, o mês de junho é muito favorável para casamentos. Em 21 de junho ou nas proximidades dessa data é o solstício de verão, o festival do Meio de Verão, o anglo-saxão Litha. Os povos europeus celebravam o solstício de verão com vários rituais, encantamentos, práticas oraculares, festas, danças e feiras. A pedra natal de junho é a ágata.

1/6 terça-feira
Signo da Lua: Peixes às 6h09
Fase da Lua: Cheia
Início LFC: 3h15
Final LFC: 6h09
Cor: Branco ✢ Incenso: Ilangue-ilangue
Festival consagrado a Carna, a deusa romana das portas e fechaduras, protetora da vida familiar.
Festa romana de Juno Moneta

2/6 quarta-feira
Signo da Lua: Peixes
Fase da Lua: Minguante às 4h26
Cor: Cinza ✢ Incenso: Rosas
Dia consagrado à Mãe Terra, em seu aspecto fértil

3/6 quinta-feira
Signo da Lua: Áries às 15h
Fase da Lua: Minguante
Início LFC: 8h12
Final LFC: 15h
Cor: Cor-de-rosa ✢ Incenso: Arruda
Belonárias, festas romanas em honra de Belona, deusa da guerra
Corpus Christi

4/6 sexta-feira
Signo da Lua: Áries
Fase da Lua: Minguante
Cor: Laranja ✢ Incenso: Mirra

5/6 sábado
Signo da Lua: Áries
Fase da Lua: Minguante
Início LFC: 19h48
Cor: Azul-marinho ✢ Incenso: Patchouli

6/6 domingo
Signo da Lua: Touro às 2h47
Fase da Lua: Minguante

Final LFC: 2h47
Cor: Marrom ✧ Incenso: Benjoim

7/6 segunda-feira
Signo da Lua: Touro
Fase da Lua: Minguante (Lua Negra)
Cor: Preto ✧ Incenso: Olíbano
*Vestálias, festas romanas em honra de
Vesta, deusa do fogo doméstico*

8/6 terça-feira
Signo da Lua: Gêmeos às 15h49
Fase da Lua: Minguante (Lua Negra)
Início LFC: 12h08
Final LFC: 15h49
Cor: Lilás ✧ Incenso: Alecrim
*Festival romano da consciência,
personificado pela deusa Mens, a mente*

9/6 quarta-feira
Signo da Lua: Gêmeos
Fase da Lua: Minguante (Lua Negra)
Cor: Roxo ✧ Incenso: Capim-limão

10/6 quinta-feira
Signo da Lua: Gêmeos
Fase da Lua: Nova às 7h54
Início LFC: 14h39
Eclipse Anular do Sol às 7h54
Cor: Azul ✧ Incenso: Canela

11/6 sexta-feira
Signo da Lua: Câncer às 4h24
Fase da Lua: Nova
Final LFC: 4h24
Cor: Vermelho ✧ Incenso: Sálvia
*Matrálias, festas romanas em honra de
Matuta, padroeira das tias*

12/6 sábado
Signo da Lua: Câncer
Fase da Lua: Nova
Cor: Verde ✧ Incenso: Lavanda

*Véspera de Santo Antônio, dia tradicional
das simpatias de amor
Dia dos Namorados*

13/6 domingo
Signo da Lua: Leão às 15h24
Fase da Lua: Nova
Início LFC: 8h17
Final LFC: 15h24
Cor: Amarelo ✧ Incenso: Ilangue-
-ilangue
Dia de Santo Antônio

14/6 segunda-feira
Signo da Lua: Leão
Fase da Lua: Nova
Cor: Branco ✧ Incenso: Rosas

15/6 terça-feira
Signo da Lua: Leão
Fase da Lua: Nova
Início LFC: 14h28
Cor: Cinza ✧ Incenso: Arruda

16/6 quarta-feira
Signo da Lua: Virgem à 0h03
Fase da Lua: Nova
Final LFC: 0h03
Cor: Cor-de-rosa ✧ Incenso: Mirra

17/6 quinta-feira
Signo da Lua: Virgem
Fase da Lua: Nova
Cor: Laranja ✧ Incenso: Patchouli
*Festival romano de Ludi Piscatari, festival
dos pescadores*

18/6 sexta-feira
Signo da Lua: Libra às 5h55
Fase da Lua: Crescente à 0h55
Início LFC: 0h55
Final LFC: 5h55
Cor: Azul-marinho ✧ Incenso: Benjoim

CALENDÁRIO WICCA

19/6 sábado
Signo da Lua: Libra
Fase da Lua: Crescente
Cor: Marrom ✣ Incenso: Olíbano
Dia de Cerridween no paganismo

20/6 domingo
Signo da Lua: Escorpião às 8h59
Fase da Lua: Crescente
Início LFC: 7h53
Final LFC: 8h59
Cor: Preto ✣ Incenso: Alecrim

21/6 segunda-feira
Signo da Lua: Escorpião
Fase da Lua: Crescente
Início do Inverno à 0h33
O Sol entra em Câncer à 0h33
Cor: Lilás ✣ Incenso: Capim-
-limão
Litha: Solstício de Verão (HN)
Yule: Solstício de Inverno (HS)

22/6 terça-feira
Signo da Lua: Sagitário às 9h57
Fase da Lua: Crescente
Início LFC: 3h44
Final LFC: 9h57
Cor: Roxo ✣ Incenso: Canela
Dia de Cu Chulainn no druidismo

23/6 quarta-feira
Signo da Lua: Sagitário
Fase da Lua: Crescente
Início LFC: 23h10
Cor: Azul ✣ Incenso: Sálvia
Véspera de São João, dia tradicional das comemorações do solstício de verão no hemisfério Norte.

24/6 quinta-feira
Signo da Lua: Capricórnio às 10h06
Fase da Lua: Cheia às 15h41
Final LFC: 10h06
Cor: Vermelho ✣ Incenso: Lavanda

25/6 sexta-feira
Signo da Lua: Capricórnio
Fase da Lua: Cheia
Cor: Verde ✣ Incenso: Ilangue-ilangue

26/6 sábado
Signo da Lua: Aquário às 11h10
Fase da Lua: Cheia
Início LFC: 9h51
Final LFC: 11h10
Cor: Amarelo ✣ Incenso: Rosas

27/6 domingo
Signo da Lua: Aquário
Fase da Lua: Cheia
Início LFC: 16h09
Cor: Branco ✣ Incenso: Arruda
Início do festival romano de Initium Aestatis, festival do início do verão (HN)

28/6 segunda-feira
Signo da Lua: Peixes às 14h52
Fase da Lua: Cheia
Final LFC: 14h52
Cor: Cinza ✣ Incenso: Mirra

29/6 terça-feira
Signo da Lua: Peixes
Fase da Lua: Cheia
Dia de São Pedro
Cor: Cor-de-rosa ✣ Incenso: Patchouli
Dia de São Pedro

30/6 quarta-feira
Signo da Lua: Áries às 22h22
Fase da Lua: Cheia
Início LFC: 14h41
Final LFC: 22h22
Cor: Laranja ✣ Incenso: Benjoim

Julho de 2021

Julho recebeu esse nome graças a Júlio César, que reorganizou o antes caótico calendário romano, dando-lhe a forma do calendário juliano. Esse novo calendário foi implantado no ano 46 a.C., conhecido como o ano da confusão, depois do caos provocado pela troca de calendários. O calendário juliano tornou-se o mais usado no Ocidente nos 1600 anos seguintes. Foi substituído nos países católicos pelo calendário gregoriano no ano de 1582. A pedra de julho é o rubi.

1/7 quinta-feira
Signo da Lua: Áries
Fase da Lua: Minguante às 18h12
Cor: Azul-marinho ✣ Incenso: Olíbano

2/7 sexta-feira
Signo da Lua: Áries
Fase da Lua: Minguante
Cor: Marrom ✣ Incenso: Alecrim

3/7 sábado
Signo da Lua: Touro às 9h29
Fase da Lua: Minguante
Início LFC: 1h16
Final LFC: 9h29
Cor: Preto ✣ Incenso: Capim-limão
Festival celta celebrando a deusa Cerridwen, a Detentora do caldeirão Sagrado

4/7 domingo
Signo da Lua: Touro
Fase da Lua: Minguante
Cor: Lilás ✣ Incenso: Canela

5/7 segunda-feira
Signo da Lua: Gêmeos às 22h52
Fase da Lua: Minguante
Início LFC: 13h58
Final LFC: 22h25
Cor: Roxo ✣ Incenso: Sálvia

6/7 terça-feira
Signo da Lua: Gêmeos
Fase da Lua: Minguante (Lua Negra)
Cor: Azul ✣ Incenso: Cravo-da-índia

7/7 quarta-feira
Signo da Lua: Gêmeos
Fase da Lua: Minguante (Lua Negra)
Cor: Azul ✣ Incenso: Lavanda
Festival romano da Consuália, em homenagem a Consus, o deus da colheita

8/7 quinta-feira
Signo da Lua: Câncer às 10h52
Fase da Lua: Minguante (Lua Negra)
Início LFC: 1h21
Final LFC: 10h52
Cor: Vermelho ✣ Incenso: Ilangue-ilangue

9/7 sexta-feira
Signo da Lua: Câncer
Fase da Lua: Nova às 22h18
Cor: Verde ✣ Incenso: Rosas
Revolução Constitucionalista

10/7 sábado
Signo da Lua: Leão às 21h22
Fase da Lua: Nova
Início LFC: 13h11
Final LFC: 21h22
Cor: Amarelo ✣ Incenso: Arruda

11/7 domingo
Signo da Lua: Leão
Fase da Lua: Nova

Cor: Branco ✣ Incenso: Mirra
Dia do deus egípcio Hórus

12/7 segunda-feira
Signo da Lua: Leão
Fase da Lua: Nova
Início LFC: 9h30
Cor: Cinza ✣ Incenso: Patchouli
Dia do deus egípcio Set
Adônia, festa grega do amor

13/7 terça-feira
Signo da Lua: Virgem às 5h32
Fase da Lua: Nova
Final LFC: 5h32
Cor: Cor-de-rosa ✣ Incenso: Benjoim

14/7 quarta-feira
Signo da Lua: Virgem
Fase da Lua: Nova
Cor: Laranja ✣ Incenso: Olíbano

15/7 quinta-feira
Signo da Lua: Libra às 11h33
Fase da Lua: Nova
Início LFC: 3h47
Final LFC: 11h33
Cor: Azul-marinho ✣ Incenso: Alecrim
Dia da deusa egípcia Néftis

16/7 sexta-feira
Signo da Lua: Libra
Fase da Lua: Nova
Cor: Marrom ✣ Incenso: Capim-limão

17/7 sábado
Signo da Lua: Escorpião às 15h39
Fase da Lua: Crescente às 7h12
Início LFC: 8h05
Final LFC: 15h39
Cor: Preto ✣ Incenso: Canela
Noite egípcia do Berço

18/7 domingo
Signo da Lua: Escorpião
Fase da Lua: Crescente
Cor: Lilás ✣ Incenso: Sálvia
Noite egípcia da Gota

19/7 segunda-feira
Signo da Lua: Sagitário às 18h09
Fase da Lua: Crescente
Início LFC: 13h31
Final LFC: 18h09
Cor: Roxo ✣ Incenso: Lavanda

20/7 terça-feira
Signo da Lua: Sagitário
Fase da Lua: Crescente
Cor: Azul ✣ Incenso: Ilangue-ilangue

21/7 quarta-feira
Signo da Lua: Capricórnio às 19h37
Fase da Lua: Crescente
Início LFC: 19h27
Final LFC: 19h37
Cor: Vermelho ✣ Incenso: Rosas

22/7 quinta-feira
Signo da Lua: Capricórnio
Fase da Lua: Crescente
O Sol entra em Leão às 11h28
Cor: Verde ✣ Incenso: Arruda

23/7 sexta-feira
Signo da Lua: Aquário às 21h14
Fase da Lua: Cheia às 23h38 (Lua Rosa)
Início LFC: 13h35
Final LFC: 21h14
Cor: Amarelo ✣ Incenso: Mirra
Neptunais, festas e jogos romanos em honra de Netuno, deus dos mares

24/7 sábado
Signo da Lua: Aquário
Fase da Lua: Cheia
Cor: Branco ✣ Incenso: Patchouli

25/7 domingo
Signo da Lua: Aquário

Fase da Lua: Cheia
Início LFC: 20h15
Cor: Cinza ✣ Incenso: Benjoim

26/7 segunda-feira
Signo da Lua: Peixes à 0h31
Fase da Lua: Cheia
Final LFC: 0h31
Cor: Cor-de-rosa ✣ Incenso: Olíbano

27/7 terça-feira
Signo da Lua: Peixes
Fase da Lua: Cheia
Início LFC: 22h14
Cor: Laranja ✣ Incenso: Alecrim

28/7 quarta-feira
Signo da Lua: Áries às 6h59
Fase da Lua: Cheia
Final LFC: 6h59
Cor: Azul-marinho ✣ Incenso: Capim-limão

29/7 quinta-feira
Signo da Lua: Áries
Fase da Lua: Cheia
Cor: Marrom ✣ Incenso: Canela

30/7 sexta-feira
Signo da Lua: Touro às 17h09
Fase da Lua: Cheia
Início LFC: 16h39
Final LFC: 17h09
Cor: Preto ✣ Incenso: Sálvia

31/7 sábado
Signo da Lua: Touro
Fase da Lua: Minguante às 10h17
Cor: Lilás ✣ Incenso: Lavanda

Agosto de 2021

Agosto tem esse nome graças ao primeiro imperador romano, Augusto César. No primeiro dia deste mês comemora-se o festival de Lammas. Muitos pagãos o chamam de Lughnassadh, a pronúncia irlandesa do nome moderno irlandês Lunasa. Lammas é a primeira colheita do ano, a colheita dos grãos. Esse mês é consagrado ao deus da sabedoria, Lugh. A pedra natal de agosto é a sardônica, um tipo de ônix.

1/8 domingo
Signo da Lua: Touro
Fase da Lua: Minguante
Cor: Roxo ✣ Incenso: Ilangue-ilangue
Festival de Lug, deus-herói celta
Lammas (HN)
Imbolc (HS)

2/8 segunda-feira
Signo da Lua: Gêmeos às 5h47
Fase da Lua: Minguante
Início LFC: 4h42
Final LFC: 5h47
Cor: Azul ✣ Incenso: Rosas

3/8 terça-feira
Signo da Lua: Gêmeos
Fase da Lua: Minguante
Cor: Vermelho ✣ Incenso: Arruda

4/8 quarta-feira
Signo da Lua: Câncer às 18h18
Fase da Lua: Minguante
Início LFC: 16h39

CALENDÁRIO WICCA

Final LFC: 18h18
Cor: Verde ✣ Incenso: Mirra

5/8 quinta-feira
Signo da Lua: Câncer
Fase da Lua: Minguante (Lua Negra)
Cor: Amarelo ✣ Incenso: Patchouli

6/8 sexta-feira
Signo da Lua: Câncer
Fase da Lua: Minguante (Lua Negra)
Início LFC: 19h13
Cor: Branco ✣ Incenso: Benjoim

7/8 sábado
Signo da Lua: Leão às 4h33
Fase da Lua: Minguante (Lua Negra)
Final LFC: 4h33
Cor: Cinza ✣ Incenso: Olíbano
Festa egípcia da Inebriação em honra a Hathor

8/8 domingo
Signo da Lua: Leão
Fase da Lua: Nova às 10h51
Cor: Cor-de-rosa ✣ Incenso: Alecrim
Dia dos Pais

9/8 segunda-feira
Signo da Lua: Virgem às 11h57
Fase da Lua: Nova
Início LFC: 9h24
Final LFC: 11h57
Cor: Laranja ✣ Incenso: Capim-limão
Festival dos Espíritos do Fogo no neopaganismo

10/8 terça-feira
Signo da Lua: Virgem
Fase da Lua: Nova
Cor: Cor-de-rosa ✣ Incenso: Canela

11/8 quarta-feira
Signo da Lua: Libra às 17h09
Fase da Lua: Nova
Início LFC: 8h23
Final LFC: 17h09
Cor: Laranja ✣ Incenso: Sálvia

12/8 quinta-feira
Signo da Lua: Libra
Fase da Lua: Nova
Cor: Azul-marinho ✣ Incenso: Lavanda
Festival egípcio das Luzes de Ísis

13/8 sexta-feira
Signo da Lua: Escorpião às 21h02
Fase da Lua: Nova
Início LFC: 17h40
Final LFC: 21h02
Cor: Marrom ✣ Incenso: Ilangue-ilangue
Festival da deusa Hécate, deusa que protege dos perigos e das maldições

14/8 sábado
Signo da Lua: Escorpião
Fase da Lua: Nova
Cor: Preto ✣ Incenso: Rosas

15/8 domingo
Signo da Lua: Escorpião
Fase da Lua: Crescente às 12h21
Cor: Lilás ✣ Incenso: Arruda
Nemorálias romanas, festa das mulheres e da luz

16/8 segunda-feira
Signo da Lua: Sagitário à 0h13
Fase da Lua: Crescente
Início LFC: 0h06
Final LFC: 0h13
Cor: Roxo ✣ Incenso: Mirra

17/8 terça-feira
Signo da Lua: Sagitário
Fase da Lua: Crescente
Início LFC: 22h44

Cor: Azul ✣ Incenso: Patchouli
Portumnálias, festas romanas em honra de Portumno, deus dos portos

18/8 quarta-feira
Signo da Lua: Capricórnio às 2h59
Fase da Lua: Crescente
Final LFC: 2h59
Cor: Vermelho ✣ Incenso: Benjoim

19/8 quinta-feira
Signo da Lua: Capricórnio
Fase da Lua: Crescente
Início LFC: 21h
Cor: Verde ✣ Incenso: Olíbano
Vinálias, festas romanas em honra de Vênus, deusa do amor

20/8 sexta-feira
Signo da Lua: Aquário às 5h50
Fase da Lua: Crescente
Final LFC: 5h50
Cor: Amarelo ✣ Incenso: Alecrim

21/8 sábado
Signo da Lua: Aquário
Fase da Lua: Crescente
Cor: Branco ✣ Incenso: Capim-limão
Consuálias, festas romanas em honra de Conso, deus do conselho

22/8 domingo
Signo da Lua: Peixes às 9h44
Fase da Lua: Cheia às 9h03
O Sol entra em Virgem às 18h36
Início LFC: 9h03
Final LFC: 9h44
Cor: Cinza ✣ Incenso: Canela

23/8 segunda-feira
Signo da Lua: Peixes
Fase da Lua: Cheia
Cor: Cor-de-rosa ✣ Incenso: Sálvia

*Vulcanálias, festival romano em honra de Vulcano, deus do fogo e dos vulcões
Dia da deusa grega Nêmesis, defensora das relíquias e da memória dos mortos*

24/8 terça-feira
Signo da Lua: Áries às 15h58
Fase da Lua: Cheia
Início LFC: 6h14
Final LFC: 15h58
Cor: Laranja ✣ Incenso: Lavanda
Festival em homenagem aos Manes, espíritos dos ancestrais

25/8 quarta-feira
Signo da Lua: Áries
Fase da Lua: Cheia
Cor: Azul-marinho ✣ Incenso: Ilangue-ilangue
Opiconsívias

26/8 quinta-feira
Signo da Lua: Áries
Fase da Lua: Cheia
Início LFC: 18h16
Cor: Marrom ✣ Incenso: Rosas

27/8 sexta-feira
Signo da Lua: Touro à 1h28
Fase da Lua: Cheia
Final LFC: 1h28
Cor: Preto ✣ Incenso: Arruda

28/8 sábado
Signo da Lua: Touro
Fase da Lua: Cheia
Cor: Lilás ✣ Incenso: Mirra

29/8 domingo
Signo da Lua: Gêmeos às 13h43
Fase da Lua: Cheia
Início LFC: 12h
Final LFC: 13h43
Cor: Roxo ✣ Incenso: Patchouli

CALENDÁRIO WICCA

30/8 segunda-feira
Signo da Lua: Gêmeos
Fase da Lua: Minguante às 4h14
Cor: Azul ✣ Incenso: Benjoim

31/8 terça-feira
Signo da Lua: Gêmeos
Fase da Lua: Minguante
Início LFC: 17h50
Cor: Vermelho ✣ Incenso: Olíbano

Setembro de 2021

Setembro tem esse nome porque é o sétimo mês do calendário romano. Os nomes dos três meses seguintes também foram nomeados desse modo. A deusa Pomona, patrona das frutas e das árvores frutíferas, é a deusa regente do mês de setembro. Em vários países do hemisfério Norte, era celebrado o equinócio de outono, chamado de Mabon. Reconhecia-se e comemorava-se a diminuição da luz, do calor e do ritmo de vida. A pedra de setembro é a safira.

1/9 quarta-feira
Signo da Lua: Câncer às 2h27
Fase da Lua: Minguante
Final LFC: 2h27
Cor: Verde ✣ Incenso: Alecrim

2/9 quinta-feira
Signo da Lua: Câncer
Fase da Lua: Minguante
Cor: Amarelo ✣ Incenso: Capim-limão
Festejos a Ariadne e a Dioniso na Grécia

3/9 sexta-feira
Signo da Lua: Leão às 12h59
Fase da Lua: Minguante (Lua Negra)
Início LFC: 2h39
Final LFC: 12h59
Cor: Branco ✣ Incenso: Canela

4/9 sábado
Signo da Lua: Leão
Fase da Lua: Minguante (Lua Negra)
Cor: Cinza ✣ Incenso: Sálvia

5/9 domingo
Signo da Lua: Virgem às 20h07
Fase da Lua: Minguante (Lua Negra)
Início LFC: 11h23
Final LFC: 20h07
Cor: Cor-de-rosa ✣ Incenso: Lavanda

6/9 segunda-feira
Signo da Lua: Virgem
Fase da Lua: Nova às 21h53
Cor: Laranja ✣ Incenso: Ilangue-
-ilangue

7/9 terça-feira
Signo da Lua: Virgem
Fase da Lua: Nova
Início LFC: 16h25
Cor: Azul-marinho ✣ Incenso: Rosas
Independência do Brasil

8/9 quarta-feira
Signo da Lua: Libra à 0h22
Fase da Lua: Nova
Final LFC: 0h22
Cor: Marrom ✣ Incenso: Arruda

9/9 quinta-feira
Signo da Lua: Libra
Fase da Lua: Nova
Cor: Preto ✣ Incenso: Mirra

10/9 sexta-feira
Signo da Lua: Escorpião às 3h06
Fase da Lua: Nova
Início LFC: 1h49
Final LFC: 3h06
Cor: Lilás ✣ Incenso: Patchouli

11/9 sábado
Signo da Lua: Escorpião
Fase da Lua: Nova
Cor: Roxo ✣ Incenso: Benjoim
Dias das Rainhas no Egito

12/9 domingo
Signo da Lua: Sagitário às 5h36
Fase da Lua: Nova
Início LFC: 2h34
Final LFC: 5h36
Cor: Azul ✣ Incenso: Olíbano

13/9 segunda-feira
Signo da Lua: Sagitário
Fase da Lua: Crescente às 17h41
Cor: Vermelho ✣ Incenso: Alecrim
Festival romano do Lectistérnio, em homenagem a Júpiter, Juno e Minerva, praticado nos tempos de calamidade pública

14/9 terça-feira
Signo da Lua: Capricórnio às 8h35
Fase da Lua: Crescente
Início LFC: 7h59
Final LFC: 8h35
Cor: Verde ✣ Incenso: Capim-limão

15/9 quarta-feira
Signo da Lua: Capricórnio
Fase da Lua: Crescente
Cor: Cor-de-rosa ✣ Incenso: Canela

16/9 quinta-feira
Signo da Lua: Aquário às 12h24
Fase da Lua: Crescente
Início LFC: 2h41
Final LFC: 12h24
Cor: Amarelo ✣ Incenso: Sálvia

17/9 sexta-feira
Signo da Lua: Aquário
Fase da Lua: Crescente
Cor: Branco ✣ Incenso: Lavanda
Honras a Deméter na Grécia
Celebração egípcia do aniversário de Hathor

18/9 sábado
Signo da Lua: Peixes às 17h24
Fase da Lua: Crescente
Início LFC: 6h16
Final LFC: 17h24
Cor: Cinza ✣ Incenso: Ilangue-ilangue

19/9 domingo
Signo da Lua: Peixes
Fase da Lua: Crescente
Cor: Cor-de-rosa ✣ Incenso: Rosas
Festival egípcio em honra a Thoth, deus da sabedoria e da magia

20/9 segunda-feira
Signo da Lua: Peixes
Fase da Lua: Cheia às 20h56
Início LFC: 20h56
Cor: Laranja ✣ Incenso: Arruda

21/9 terça-feira
Signo da Lua: Áries à 0h14
Fase da Lua: Cheia
Final LFC: 0h14
Cor: Azul ✣ Incenso: Mirra
Festival egípcio da Vida Divina, dedicado a deusa tríplice
Mistérios Eleusinos Maiores

22/9 quarta-feira
Signo da Lua: Áries
Fase da Lua: Cheia
Início da Primavera às 16h22
O Sol entra em Libra às 16h22

Início LFC: 23h06
Cor: Azul-marinho ✣ Incenso: Patchouli
Mabon: Equinócio de Outono (HN)
Ostara: Equinócio de Primavera (HS)

23/9 quinta-feira
Signo da Lua: Touro às 9h39
Fase da Lua: Cheia
Final LFC: 9h39
Cor: Marrom ✣ Incenso: Benjoim

24/9 sexta-feira
Signo da Lua: Touro
Fase da Lua: Cheia
Cor: Azul-marinho ✣ Incenso: Olíbano

25/9 sábado
Signo da Lua: Gêmeos às 21h38
Fase da Lua: Cheia
Início LFC: 10h10
Final LFC: 21h38
Cor: Marrom ✣ Incenso: Alecrim

26/9 domingo
Signo da Lua: Gêmeos
Fase da Lua: Cheia
Cor: Preto ✣ Incenso: Capim-limão
Festival chinês a Chang-O, deusa da Lua

27/9 segunda-feira
Signo da Lua: Gêmeos
Fase da Lua: Cheia
Cor: Lilás ✣ Incenso: Canela

28/9 terça-feira
Signo da Lua: Câncer às 10h35
Fase da Lua: Minguante às 22h58
Cor: Roxo ✣ Incenso: Sálvia
Início LFC: 1h19
Final LFC: 10h35
Festival a Deméter na Grécia

29/9 quarta-feira
Signo da Lua: Câncer
Fase da Lua: Minguante
Cor: Azul ✣ Incenso: Lavanda

30/9 quinta-feira
Signo da Lua: Leão às 21h55
Fase da Lua: Minguante
Início LFC: 11h50
Final LFC: 21h55
Cor: Vermelho ✣ Incenso: Ilangue-ilangue
Dia de oferendas a Medetrina, deusa romana da medicina

Outubro de 2021

Outubro, o oitavo mês do ano no calendário romano, é consagrado à deusa Astreia, filha de Zeus e Têmis, que vivia entre os homens durante a Era de Ouro. O último dia de outubro, o Halloween, é o primeiro dia regido pela deusa Samhain. O festival de Samhain começa no pôr do sol do dia 31 de outubro, o Ano-Novo da tradição celta. Por tradição, essa é a época das primeiras geadas e da última colheita. A pedra natal deste mês é a opala.

1/10 sexta-feira
Signo da Lua: Leão
Fase da Lua: Minguante
Cor: Verde ✣ Incenso: Rosas
Festival de Fidius, deusa romana da boa-fé

2/10 sábado
Signo da Lua: Leão
Fase da Lua: Minguante
Início LFC: 20h44
Cor: Amarelo ✣ Incenso: Arruda
Dia dos Guias Espirituais na Wicca

3/10 domingo
Signo da Lua: Virgem às 5h39
Fase da Lua: Minguante (Lua Negra)
Final LFC: 5h39
Cor: Branco ✢ Incenso: Mirra
Festival de Dioniso
Festa egípcia das Lamentações

4/10 segunda-feira
Signo da Lua: Virgem
Fase da Lua: Minguante (Lua Negra)
Cor: Cinza ✢ Incenso: Patchouli
Cerimônia a Ceres, deusa da agricultura

5/10 terça-feira
Signo da Lua: Libra às 9h42
Fase da Lua: Minguante (Lua Negra)
Início LFC: 5h47
Final LFC: 9h42
Cor: Cor-de-rosa ✢ Incenso: Alecrim

6/10 quarta-feira
Signo da Lua: Libra
Fase da Lua: Nova às 8h07
Cor: Laranja ✢ Incenso: Capim-limão

7/10 quinta-feira
Signo da Lua: Escorpião às 11h23
Fase da Lua: Nova
Início LFC: 2h04
Final LFC: 11h23
Cor: Azul-marinho ✢ Incenso: Canela

8/10 sexta-feira
Signo da Lua: Escorpião
Fase da Lua: Nova
Cor: Marrom ✢ Incenso: Sálvia
Chung Yeung, festival da sorte na China

9/10 sábado
Signo da Lua: Sagitário às 12h25
Fase da Lua: Nova
Início LFC: 3h06
Final LFC: 12h25
Cor: Preto ✢ Incenso: Lavanda
Festa de Felicidade, deusa romana da sorte e da alegria

10/10 domingo
Signo da Lua: Sagitário
Fase da Lua: Nova
Cor: Lilás ✢ Incenso: Ilangue-ilangue

11/10 segunda-feira
Signo da Lua: Capricórnio às 14h16
Fase da Lua: Nova
Início LFC: 1h32
Final LFC: 14h16
Cor: Roxo ✢ Incenso: Rosas
Dia da Anciã das Árvores na Wicca
Meditrinálias, festas romanas em honra de Meditrina, deusa da cura

12/10 terça-feira
Signo da Lua: Capricórnio
Fase da Lua: Nova
Cor: Azul ✢ Incenso: Arruda
Festival da Fortuna Redux, deusa romana das viagens e dos retornos seguros
Dia de Nossa Senhora Aparecida

13/10 quarta-feira
Signo da Lua: Aquário às 17h48
Fase da Lua: Crescente
Início LFC: 7h54
Final LFC: 17h48
Cor: Vermelho ✢ Incenso: Mirra
Fontinálias, festas romanas em honra das ninfas das fontes

14/10 quinta-feira
Signo da Lua: Aquário
Fase da Lua: Crescente
Cor: Verde ✢ Incenso: Patchouli

15/10 sexta-feira
Signo da Lua: Peixes às 23h23
Fase da Lua: Crescente

CALENDÁRIO WICCA

Início LFC: 9h34
Final LFC: 23h23
Cor: Amarelo ✣ Incenso: Benjoim
*Festival de Marte, deus romano
da guerra*

16/10 sábado
Signo da Lua: Peixes
Fase da Lua: Crescente
Cor: Branco ✣ Incenso: Olíbano

17/10 domingo
Signo da Lua: Peixes
Fase da Lua: Crescente
Início LFC: 20h25
Cor: Cinza ✣ Incenso: Alecrim

18/10 segunda-feira
Signo da Lua: Áries às 7h05
Fase da Lua: Crescente
Final LFC: 7h05
Cor: Cor-de-rosa ✣ Incenso: Capim-
-limão
*Dia do Deus Astado na Wicca
gardneriana*

19/10 terça-feira
Signo da Lua: Áries
Fase da Lua: Crescente
Cor: Laranja ✣ Incenso: Canela
*Armilústrio, festas romanas em honra de
Marte, deus da guerra*

20/10 quarta-feira
Signo da Lua: Touro às 17h00
Fase da Lua: Cheia às 11h58
Início LFC: 11h58
Final LFC: 17h00
Cor: Azul-marinho ✣ Incenso: Sálvia

21/10 quinta-feira
Signo da Lua: Touro
Fase da Lua: Cheia
Cor: Marrom ✣ Incenso: Lavanda

22/10 sexta-feira
Signo da Lua: Touro
Fase da Lua: Cheia
Início LFC: 17h36
Cor: Preto ✣ Incenso: Rosas

23/10 sábado
Signo da Lua: Gêmeos às 4h58
Fase da Lua: Cheia
Final LFC: 4h58
O Sol entra em Escorpião à 1h521
Cor: Lilás ✣ Incenso: Ilangue-ilangue

24/10 domingo
Signo da Lua: Gêmeos
Fase da Lua: Cheia
Cor: Azul ✣ Incenso: Arruda
*Festival do Espírito dos Ares na Wicca e
no neopaganismo*

25/10 segunda-feira
Signo da Lua: Câncer às 18h01
Fase da Lua: Cheia
Início LFC: 11h12
Final LFC: 18h01
Cor: Roxo ✣ Incenso: Patchouli

26/10 terça-feira
Signo da Lua: Câncer
Fase da Lua: Cheia
Cor: Lilás ✣ Incenso: Mirra

27/10 quarta-feira
Signo da Lua: Câncer
Fase da Lua: Cheia
Cor: Azul ✣ Incenso: Benjoim

28/10 quinta-feira
Signo da Lua: Leão às 6h08
Fase da Lua: Minguante às 17h06
Início LFC: 3h03
Final LFC: 6h08
Cor: Lilás ✣ Incenso: Alecrim
Festival em honra de Isis no Egito

29/10 sexta-feira
Signo da Lua: Leão
Fase da Lua: Minguante
Cor: Roxo ✣ Incenso: Olíbano

30/10 sábado
Signo da Lua: Virgem às 15h11
Fase da Lua: Minguante
Início LFC: 4h06
Final LFC: 15h11
Cor: Vermelho ✣ Incenso: Capím-
-limão

31/10 domingo
Signo da Lua: Virgem
Fase da Lua: Minguante
Cor: Azul ✣ Incenso: Sálvia
Samhain – Halloween (HN)
Beltane (HS)

Novembro de 2021

Novembro começa com o festival de Samhain, o Dia de Todos os Santos. Na tradição celta, novembro marca o início do ano natural. Samhain era o primeiro dia do antigo ano celta. Embora seja agora o décimo primeiro mês do ano, novembro tem esse nome por ter sido o nono mês do calendário romano. A pedra natal de novembro é o topázio.

1/11 segunda-feira
Signo da Lua: Libra às 20h12
Fase da Lua: Minguante (Lua Negra)
Início LFC: 14h01
Final LFC: 20h12
Cor: Azul-marinho ✣ Incenso: lavanda
Cailleach's Reign, festival em honra da antiga deusa-anciã celta
Dia de Todos os Santos

2/11 terça-feira
Signo da Lua: Libra
Fase da Lua: Minguante (Lua Negra)
Cor: Verde ✣ Incenso: Ilangue-ilangue
Dia das Feiticeiras na Ibéria
Dia de Finados

3/11 quarta-feira
Signo da Lua: Escorpião às 21h54
Fase da Lua: Minguante (Lua Negra)
Início LFC: 19h33
Final LFC: 21h54
Cor: Amarelo ✣ Incenso: Mirra

4/11 quinta-feira
Signo da Lua: Escorpião
Fase da Lua: Nova às 18h16
Cor: Vermelho ✣ Incenso: Rosas

5/11 sexta-feira
Signo da Lua: Sagitário às 21h54
Fase da Lua: Nova
Início LFC: 13h11
Final LFC: 21h54
Cor: Branco ✣ Incenso: Arruda

6/11 sábado
Signo da Lua: Sagitário
Fase da Lua: Nova
Cor: Cinza ✣ Incenso: Patchouli
Festival à deusa babilônica Tiamat

7/11 domingo
Signo da Lua: Capricórnio às 22h05
Fase da Lua: Nova
Início LFC: 10h45
Final LFC: 22h05

CALENDÁRIO WICCA

Cor: Cor-de-rosa ✤ Incenso: Benjoim
Noite da deusa grega Hécate, na Wicca gardneriana

8/11 segunda-feira
Signo da Lua: Capricórnio
Fase da Lua: Nova
Cor: Laranja ✤ Incenso: Olíbano
Festival romano de Mania, em comemoração aos Manes, espíritos do mundo subterrâneo.

9/11 terça-feira
Signo da Lua: Capricórnio
Fase da Lua: Nova
Início LFC: 14h53
Cor: Azul-marinho Marrom ✤ Incenso: Alecrim

10/11 quarta-feira
Signo da Lua: Aquário à 0h04
Fase da Lua: Nova
Final LFC: 0h04
Cor: Laranja ✤ Incenso: Capim-limão

11/11 quinta-feira
Signo da Lua: Aquário
Fase da Lua: Crescente às 9h47
Início LFC: 16h53
Cor: Azul ✤ Incenso: Canela
Lunantshees, festival em honra do povo das fadas na Irlanda

12/11 sexta-feira
Signo da Lua: Peixes às 4h55
Fase da Lua: Crescente
Final LFC: 4h55
Cor: Marrom ✤ Incenso: Lavanda

13/11 sábado
Signo da Lua: Peixes
Fase da Lua: Crescente
Cor: Preto ✤ Incenso: Sálvia
Festival romano em honra de Júpiter
Festival romano em honra de Ferônia, a deusa protetora dos libertos

14/11 domingo
Signo da Lua: Áries às 12h49
Fase da Lua: Crescente
Início LFC: 2h41
Final LFC: 12h49
Cor: Lilás ✤ Incenso: Benjoim
Festival dos Bardos no druidismo

15/11 segunda-feira
Signo da Lua: Áries
Fase da Lua: Crescente
Cor: Roxo ✤ Incenso: Patchouli
Ferônia, festival pagão do fogo
Proclamação da República

16/11 terça-feira
Signo da Lua: Touro às 23h19
Fase da Lua: Crescente
Início LFC: 12h52
Final LFC: 23h19
Cor: Azul ✤ Incenso: Rosas
Festival das Luzes, que marca o ano-novo hindu

17/11 quarta-feira
Signo da Lua: Touro
Fase da Lua: Crescente
Cor: Vermelho ✤ Incenso: Ilangue-ilangue

18/11 quinta-feira
Signo da Lua: Touro
Fase da Lua: Crescente
Cor: Amarelo ✤ Incenso: Mirra
Ardvi Sura, festival em honra da deusa persa Aerdi, a Mãe das Estrelas

19/11 sexta-feira
Signo da Lua: Gêmeos às 11h34
Fase da Lua: Cheia às 5h59
(Lua Rosa)

Início LFC: 5h59
Final LFC: 11h34
Eclipse Parcial da Lua às 5h59
Cor: Verde ✣ Incenso: Capim-limão

20/11 sábado
Signo da Lua: Gêmeos
Fase da Lua: Cheia
Cor: Cinza ✣ Incenso: Alecrim
Dia da Consciência Negra

21/11 domingo
Signo da Lua: Gêmeos
Fase da Lua: Cheia
O Sol entra em Sagitário às 23h35
Início LFC: 12h53
Cor: Amarelo ✣ Incenso: Olíbano
Celebração da deusa celta Cailleach, senhora da noite e da morte

22/11 segunda-feira
Signo da Lua: Câncer à 0h34
Fase da Lua: Cheia
Final LFC: 0h34
Cor: Cor-de-rosa ✣ Incenso: Sálvia
Dia dedicado à deusa greco-romana Ártemis/Diana

23/11 terça-feira
Signo da Lua: Câncer
Fase da Lua: Cheia
Cor: Laranja ✣ Incenso: Patchouli

24/11 quarta-feira
Signo da Lua: Leão às 13h
Fase da Lua: Cheia
Início LFC: 2h47
Final LFC: 13h
Cor: Lilás ✣ Incenso: Rosas
Tori No Ichi, festival da Boa Fortuna no Japão
Festa a Baba Yaga
Honras às deusas egípcias da maternidade

25/11 quinta-feira
Signo da Lua: Leão
Fase da Lua: Cheia
Cor: Azul-marinho ✣ Incenso: Canela
Dia consagrado a Perséfone, deusa dos subterrâneos

26/11 sexta-feira
Signo da Lua: Virgem às 23h13
Fase da Lua: Cheia
Início LFC: 13h25
Final LFC: 23h13
Cor: Marrom ✣ Incenso: Mirra
Antigo festival em honra das deusas do fogo no Tibete

27/11 sábado
Signo da Lua: Virgem
Fase da Lua: Minguante às 9h29
Cor: Preto ✣ Incenso: Arruda
Parvati Devi, festas em honra da deusa tríplice hindu

28/11 domingo
Signo da Lua: Virgem
Fase da Lua: Minguante
Início LFC: 21h04
Cor: Azul-marinho ✣ Incenso: Rosas
Festival em honra a Sofia, deusa grega do conhecimento

29/11 segunda-feira
Signo da Lua: Libra às 5h56
Fase da Lua: Minguante
Final LFC: 5h56
Cor: Lilás ✣ Incenso: Capim-limão

30/11 terça-feira
Signo da Lua: Libra
Fase da Lua: Minguante
Cor: Roxo ✣ Incenso: Canela

Dezembro de 2021

O nome deste mês deriva de Décima, uma das três Parcas (*Fates*, em inglês), que decidiam o curso da vida humana. O nome anglo-saxão desse mês era Aerra Geola, "o mês antes de Yule". O maior festival de dezembro é o solstício de inverno (no hemisfério Norte), também chamado de Yule, Alban Arthuan e Meio do Verão. O festival de Natal é uma amálgama de muitas tradições religiosas, antigas e modernas, pagãs, zoroastras, judaicas, mitraicas e cristãs. A pedra do mês de dezembro é a turquesa.

1/12 quarta-feira
Signo da Lua: Escorpião às 8h57
Fase da Lua: Minguante (Lua Negra)
Início LFC: 1h21
Final LFC: 8h57
Cor: Azul ✣ Incenso: Mirra
Festival de Poseidon, deus grego do mar e do renascimento.

2/12 quinta-feira
Signo da Lua: Escorpião
Fase da Lua: Minguante (Lua Negra)
Final LFC: 0h34
Cor: Vermelho ✣ Incenso: Patchouli
Hari Kugo, dia das feiticeiras no Japão

3/12 sexta-feira
Signo da Lua: Sagitário às 9h14
Fase da Lua: Minguante (Lua Negra)
Início LFC: 2h23
Final LFC: 9h14
Cor: Verde ✣ Incenso: Benjoim
Dia da Bona Dea, a deusa da bondade

4/12 sábado-feira
Signo da Lua: Sagitário
Fase da Lua: Nova às 4h44
Eclipse Total do Sol às 4h44
Cor: Amarelo ✣ Incenso: Olíbano
Minerválias, festival em honra da deusa romana Minerva

5/12 domingo
Signo da Lua: Capricórnio às 8h32
Fase da Lua: Nova
Início LFC: 2h09
Final LFC: 8h32
Cor: Branco ✣ Incenso: Alecrim
*Festival em honra do deus grego Posêidon
Festejos à deusa Lucina, senhora da Luz e dos Infantes na Itália*

6/12 segunda-feira
Signo da Lua: Capricórnio
Fase da Lua: Nova
Cor: Cor-de-rosa ✣ Incenso: Capim-limão

7/12 terça-feira
Signo da Lua: Aquário às 8h50
Fase da Lua: Nova
Início LFC: 1h43
Final LFC: 8h50
Cor: Cinza ✣ Incenso: Canela

8/12 quarta-feira
Signo da Lua: Aquário
Fase da Lua: Nova
Cor: Azul-marinho ✣ Incenso: Sálvia
Festival em honra da deusa egípcia Neit e dia sagrado de Astraea, deusa grega da justiça

9/12 quinta-feira
Signo da Lua: Peixes às 11h54
Fase da Lua: Nova
Início LFC: 7h01
Final LFC: 11h54
Cor: Preto ✣ Incenso: Ilangue-ilangue

10/12 sexta-feira
Signo da Lua: Peixes
Fase da Lua: Crescente às 22h37
Cor: Lilás ✣ Incenso: Rosas
Festival romano de Lux Mundi, a Luz do Mundo e epíteto da deusa da Liberdade.

11/12 sábado
Signo da Lua: Áries às 18h47
Fase da Lua: Crescente
Início LFC: 16h41
Final LFC: 18h47
Cor: Roxo ✣ Incenso: Mirra

12/12 domingo
Signo da Lua: Áries
Fase da Lua: Crescente
Cor: Vermelho ✣ Incenso: Arruda

13/12 segunda-feira
Signo da Lua: Áries
Fase da Lua: Crescente
Início LFC: 23h53
Cor: Azul ✣ Incenso: Patchouli
Dia de Santa Lúcia, ou Pequeno Yule, festival das luzes.

14/12 terça-feira
Signo da Lua: Touro às 5h12
Fase da Lua: Crescente
Final LFC: 5h12
Cor: Azul-marinho ✣ Incenso: Benjoim

15/12 quarta-feira
Signo da Lua: Touro
Fase da Lua: Crescente
Cor: Marrom ✣ Incenso: Olíbano

16/12 quinta-feira
Signo da Lua: Gêmeos às 17h44
Fase da Lua: Crescente
Início LFC: 13h10
Final LFC: 17h44
Cor: Preto ✣ Incenso: Alecrim

17/12 sexta-feira
Signo da Lua: Gêmeos
Fase da Lua: Crescente
Cor: Lilás ✣ Incenso: Capim-limão
Saturnais, festival em honra de Saturno

18/12 sábado
Signo da Lua: Gêmeos
Fase da Lua: Crescente
Cor: Azul ✣ Incenso: Canela

19/12 domingo
Signo da Lua: Câncer às 6h43
Fase da Lua: Cheia à 1h37
Início LFC: 3h03
Final LFC: 6h43
Cor: Azul-marinho ✣ Incenso: Sálvia
Eponália, dia dedicado à deusa romana Epona, patrona dos cavalos

20/12 segunda-feira
Signo da Lua: Câncer
Fase da Lua: Cheia
Cor: Marrom ✣ Incenso: Lavanda
Opálias, festas romanas em honra de Ops, deusa da abundância

21/12 terça-feira
Signo da Lua: Leão às 18h55
Fase da Lua: Cheia
Início do Verão às 13h
Início LFC: 11h45
Final LFC: 18h55
O Sol entra em Capricórnio às 13h
Cor: Lilás ✣ Incenso: Ilangue-ilangue
Ageronaias, festas romanas em honra de Angerona, deusa das cidades e dos campos

CALENDÁRIO WICCA

Yule – Solstício de Inverno (HN)
Litha – Solstício de Verão (HS)

22/12 quarta-feira
Signo da Lua: Leão
Fase da Lua: Cheia
Cor: Preto ✣ Incenso: Rosas
Laurentálias, festas romanas em honra de Aça Laurência, ama de Rômulo e Remo

23/12 quinta-feira
Signo da Lua: Leão
Fase da Lua: Cheia
Cor: Roxo ✣ Incenso: Arruda

24/12 sexta-feira
Signo da Lua: Virgem às 5h25
Fase da Lua: Cheia
Início LFC: 3h41
Final LFC: 5h25
Cor: Azul ✣ Incenso: Mirra

25/12 sábado
Signo da Lua: Virgem
Fase da Lua: Cheia
Cor: Vermelho ✣ Incenso: Patchouli
Natal

26/12 domingo
Signo da Lua: Libra às 13h25
Fase da Lua: Minguante às 23h25
Início LFC: 5h41
Final LFC: 13h25
Cor: Verde ✣ Incenso: Benjoim

27/12 segunda-feira
Signo da Lua: Libra
Fase da Lua: Minguante
Cor: Amarelo ✣ Incenso: Olíbano
Nascimento de Freia, deusa nórdica da fertilidade, da beleza e do amor

28/12 terça-feira
Signo da Lua: Escorpião às 18h17
Fase da Lua: Minguante
Início LFC: 18h12
Final LFC: 18h17
Cor: Branco ✣ Incenso: Alecrim

29/12 quarta-feira
Signo da Lua: Escorpião
Fase da Lua: Minguante
Cor: Cinza ✣ Incenso: Capim-limão

30/12 quinta-feira
Signo da Lua: Sagitário às 20h09
Fase da Lua: Minguante
Início LFC: 14h11
Final LFC: 20h09
Cor: Cor-de-rosa ✣ Incenso: Canela

31/12 sexta-feira
Signo da Lua: Sagitário
Fase da Lua: Minguante
Início LFC: 10h46
Final LFC: 15h59
Cor: Laranja ✣ Incenso: Canela
Véspera de Ano-Novo

Obs.: Fontes das datas festivas: *O Anuário da Grande Mãe*, de Mirella Faur; *Calendário Vida e Magia*, de Eddie Van Feu; *Dicionário da Mitologia Latina*, de Tassilo Orpheu Spalding, Editora Cultrix; *Dicionário da Mitologia Grega*, Ruth Guimarães, Editora Cultrix; *O Caminho da Deusa*, Patricia Monaghan, Editora Pensamento.

Como Sentir a Magia Quando não Sinto Nada

"Foi incrível! Consegui sentir a energia no círculo!" "Sim, eu também! Foi sensacional! Era como se eu pudesse *ver* o círculo."

Ah, não. Estava acontecendo de novo... O ritual tinha terminado vinte minutos antes e estávamos todos de pé, colocando colheradas de salada de batata no prato e compartilhando nossas experiências.

Eu era uma jovem bruxa, ainda dando os primeiros passos na Arte. Tinha passado os últimos anos lendo livros e procurando outros pagãos na internet, e fiquei muito animada ao descobrir que havia um centro comunitário próximo à minha casa onde às vezes havia eventos pagãos e wiccanos abertos ao público. Eu participei de alguns e me familiarizei com os rituais. Depois do fechamento do círculo, vinha a parte que eu mais temia, quando todo mundo falava sobre suas experiências mágicas. Mesmo que eu estivesse participando exatamente dos mesmos rituais, nunca sentia que tivesse algo que valesse a pena contar aos outros.

"E você, Thorn? Não achou o ritual emocionante?"

"Hum. . . claro! Foi ótimo!..."

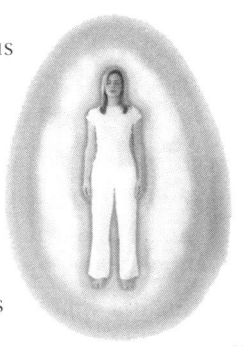

Eu passei muito tempo mentindo nos meus primeiros anos de bruxaria, tanto para as outras pessoas quanto para mim mesma. A verdade era que eu estava começando a achar que não era uma bruxa de verdade. Eu simplesmente nunca parecia conseguir captar o que as outras pessoas sentiam no ritual. Olhava o rosto das pessoas em pé no círculo junto comigo – olhos fechados, respiração cadenciada, gestos sempre tão cheios de sentimentos – e me sentia uma fraude. A bruxaria era importante para mim. Ela mudou a minha vida, de fato, como acontece com todos que a abraçam. Eu tinha uma nova visão da natureza e uma teologia que finalmente fazia sentido para mim. Eu me senti empoderada!

Então, por que eu não tinha os mesmos tipos de sentimentos mágicos que todo mundo sempre descrevia? Nunca sentia nada fisicamente no círculo. Nunca sentia a energia. Nunca ouvia as vozes dos deuses ou tinha visões. Lançava feitiços bem-sucedidos – pelo menos, eu pensava assim –, mas não tinha o tipo de experiência corporal que eu percebia nas outras pessoas, pela internet e pessoalmente. Talvez eu não fosse uma bruxa autêntica. Ou talvez eu simplesmente não tivesse talento para praticar magia.

Lutei contra esses sentimentos por anos. Fui a muitos círculos abertos, rituais, esbás e sabás, e em todas essas ocasiões eu tinha o mesmo tipo de experiência. Outros participantes conversavam como se estivessem encantados com os trabalhos nos círculos e sempre me deixavam com um sentimento de frustração. Nos meus rituais particulares, obtinha bons resultados e me sentia conectada com algo maior do que eu, mas não estava fazendo nada do que outras pessoas alegavam estar fazendo. Eu não estava recebendo mensagens diretas dos antepassados, comunicando-me com os animais, vendo auras ou sentindo a energia irradiar das minhas mãos.

Cheguei à conclusão de que a magia não era para mim. A princípio me sentia mal com isso, mas depois decidi aceitar. Até "Buffy, a Caçadora de Vampiros", tinha Xander, o membro não mágico do grupo. Ele não tinha superpoderes, mas ainda era um membro importante da equipe de combate ao mal. Eu poderia ser Xander. Isso também seria bom, não seria?

Eu fazia muitas piadas sobre eu ser uma "parede de tijolos" quando se tratava de magia.

Comecei a assumir, nos rituais, tarefas mais difíceis para outras pessoas mais sensíveis. Eu podia manipular itens mágicos carregados de energia sem que eles exercem nenhum efeito sobre mim, o que significava que eu era ótima em desmontar altares e descartar os restos de ingredientes dos rituais. Eu conseguia ficar perto de qualquer pessoa sem que isso exercesse qualquer efeito sobre mim, o que significava que eu era ótima em conversar com quem estivesse num estado emocional perturbado e instável. Eu era imune a qualquer tipo de possessão, o que significava que, nos rituais em que os médiuns ficavam em transe, eu era ótima como apoio e para cuidar das outras pessoas. Mas sempre me sentia de castigo. Parecia que eu era capaz de enviar energia (pelo menos, podia praticar magia), mas não era receptiva a essa mesma energia.

Tudo bem, mas para uma jovem bruxa isso ainda era irritante. Quero dizer, quem não quer ter poderes? Continuei estudando e praticando. Entrei no meu primeiro *coven* e estudei com meu primeiro professor. Encontrei novas comunidades e novos mentores. Por fim, fui iniciada num tradicional *coven* wiccano. Continuei estudando, continuei aprendendo, continuei praticando. Por fim, tão gradualmente que mal percebi, as coisas começaram a mudar. Eu não me sentia mais uma parede de tijolos! Os rituais passaram a ter mais significado. Minha magia parecia mais poderosa. Eu conseguia sentir as coisas e ter uma ideia melhor do que as pessoas queriam dizer quando falavam sobre mudanças na energia do ambiente. O que era estranho era que não havia nenhum sinal que indicasse por que isso tinha mudado. Passei algum tempo refletindo sobre o que eu estava fazendo de diferente e o que concluí descrevo a seguir.

Suas experiências podem ser diferentes das experiências dos outros

Uma das razões pelas quais eu me achava tão inadequada era o fato de estar em busca de experiências iguais as de todas as outras pessoas. Eu estava tão focada no que elas diziam que estavam ignorando o que eu mesma vivenciava. Todo mundo percebe a energia de um jeito um pouco diferente, então, quando as pessoas falam sobre "energia", isso pode significar coisas muitas diferentes. Algumas pessoas sentem a energia quente ou fria. Outros sentem pressão, como algo tocando a pele. Você pode sentir vertigem ou de repente se sentir muito concentrado. Algumas pessoas descrevem uma sensação de peso na nuca. Você pode ser uma das poucas que realmente vê a energia, mas a grande maioria não vê. Demorou anos, mas finalmente percebi que o movimento é a chave para mim. Eu tenho dificuldade para gerar energia parada, o que torna as coisas como a visualização muito difíceis. Se eu puder correr, andar ou dançar, minha experiência do ritual é totalmente diferente. Eu nunca teria descoberto isso se simplesmente fizesse o que as outras pessoas faziam.

Pratique! De verdade.

Eu nem sempre fui totalmente sincera comigo mesma quanto ao esforço que eu dedicava à minha prática de bruxaria. Quero dizer, os livros recomendavam a meditação, mas quem realmente a pratica? Eu estava realmente meditando todos os dias para aguçar minha sensibilidade e habilidades mágicas? A maior parte do tempo, a resposta era não. Estudar com um *coven* e me sentir responsável por outras pessoas me ajudou a desenvolver hábitos melhores. Isso não significa que todos precisem encontrar um *coven* com quem praticar, mas sempre é ótimo definir práticas e estudar metas e depois encontrar uma maneira de alcançá-las. Para mim, ter como mentores praticantes mais experientes foi algo que me ajudou. Para você, pode ser melhor fazer um planejamento e se ater a ele. Descubra o que funciona para você e... mãos à obra! A magia é incrível e ela de fato funciona, mas é você quem tem de descobrir como ela se mostra a você!

Quando comecei a praticar bruxaria, fiquei animada com a ideia de começar um Livro das Sombras, com meus feitiços e rituais. Mas anos depois, vi que o recurso que mais me ajudou foi o diário, onde escrevia sobre mim mesma e sobre meu crescimento na Arte. Assim passei a me conhecer melhor e a detectar padrões e perceber o que funcionava no meu caso (e o que não funcionava). Se você não gosta muito de escrever, faça um caderno de recortes, um "vlog" ou algo parecido.

Não se trata de uma competição

Eis uma coisa em que eu não queria acreditar quando comecei na Wicca: às vezes as pessoas mentem sobre suas experiências. Exageram um pouco para impressionar os outros. E nós caímos na armadilha e começamos a superestimar a capacidade dessas pessoas e subestimar as nossas. Cuidado. Muitas vezes nos sentimos inadequados nos nossos trabalhos de magia porque passamos tempo demais nos comparando com os outros. Minha prática só melhorou quando parei de querer competir com meus companheiros de *coven*. Depois que comecei a prestar mais atenção em mim mesma, tudo mudou. Eu ainda não consigo ver auras nem ouvir as vozes dos deuses, mas sei que não sou totalmente insensível às energias. Sei o que funciona para mim e que posso muito mais do que pensava a princípio. O mesmo vale para você! Boa sorte!

– Extraído e adaptado de "Feeling the Magic... or Not",
de Thorn Mooney, *Llewellyn's 2020 Magical Almanac*.

Entre no Fluxo da Magia

Todos nós conhecemos a expressão "entrar no fluxo". Ela tem um tom estimulante, descontraído, que nos passa leveza e confiança. Ao contrário de seguir o fluxo, que tende a ser uma atitude passiva, entrar no fluxo implica ação e envolvimento. Quando se trata do trabalho mágico e do trabalho espiritual, isso é essencial: precisamos estar num fluxo criativo mais profundo do que o habitual, para criar, manifestar e projetar nossas intenções na realidade.

Como "cocriadores" da nossa realidade, construímos nossas experiências por meio do trabalho mágico intencional e dos nossos pensamentos e ações diárias. Rituais espirituais de todos os tipos – incluindo a própria vida – dependem principalmente do praticante. Nossas atitudes e abordagens são os componentes mais importantes do nosso trabalho. Independentemente de quantos sigilos possamos desenhar, quantas divindades invoquemos e os ingredientes que usemos num feitiço, o sucesso do nosso trabalho de magia depende principalmente de nós mesmos como artesãos, arquitetos.

Ao me sentar para escrever este artigo, sinto imensa confiança. Porque estou no fluxo. Por esse motivo, este artigo me vem com tanta facilidade. Ele flui, não é trabalhoso. As palavras se escrevem por si só, sou apenas o canal. Isso vale tanto para obras de arte quanto para obras de magia. Além disso, existe realmente uma diferença entre essas duas coisas? O ocultista revolucionário, e sempre controverso, Aleister Crowley disse uma vez que toda magia é uma arte. Como todos os artistas sabem, a arte não pode ser forçada; o mesmo vale para o trabalho mágico! Nós podemos tentar forçá-lo, às vezes com sucesso, mas o método de criação mais bem-sucedido e menos estressante é entrar no fluxo para ver aonde – e como – ele vai nos levar.

O que é o fluxo?

O fluxo energético ocorre quando nos sentimos sintonizados, equilibrados e confiantes. Isso faz uma enorme diferença em nosso trabalho mágico e na nossa vida em geral. Mas nem sempre é fácil chegar a isso. Há momentos em que a vida nos dá umas rasteiras – ou pelo menos é o que parece. Ela pode ser terrivelmente estressante ou incrivelmente bonita e tudo que existe entre esses dois extremos. Mesmo quando estamos tristes ou estressados, podemos contar com a vida para nos trazer de volta e nos alinhar mais uma vez com esse fluxo espiral, que nos garante que tudo está tudo bem. Nesse estado mental e espiritual, podemos intuitivamente sentir que tudo está acontecendo por uma razão e que estamos exatamente onde deveríamos estar. Nesse estado de espírito, um senso de confiança, compaixão e conexão espiritual tem chance de se desenvolver e florescer em nós.

Todo mundo tem altos e baixos na vida. Se, no entanto, você perceber que sente medo, ansiedade, tristeza e dor continuamente, ou se vive oscilando, um dia superfeliz e, no seguinte, entregue à depressão, eu recomendo de todo coração que você procure aconselhamento, terapia e até um psiquiatra que possa lhe receitar remédios para depressão ou ansiedade. A vida é muito curta para vivê-la num estado constante de escuridão, e todos nós merecemos a cura necessária para termos felicidade na vida.

Reações e respostas

Nossas reações aos desafios da vida são o que define nosso estado energético. Se vivemos em constante estado de estresse, agitação ou depressão, certamente não estamos no fluxo. E, embora seja raro uma pessoa permanecer num estado perpétuo de felicidade, todo mundo tem momentos bons, em que sente uma conexão com forças universais. Esses são os momentos que mais devemos aproveitar, do ponto de vista mágico e criativo. O cérebro é uma máquina intrincada, que processa informações sutis e complexas em velocidades que superam até o maior dos computadores. Nossa mente é capaz de feitos que podemos nunca compreender completamente. Os estudiosos reconhecem a conexão da mente não apenas com os sentidos físicos, mas também com o mundo psíquico, o mundo espiritual, o mundo dos sonhos, as vidas passadas e a memória genética. A lista é interminável, mas nossas percepções sempre nos fazem voltar ao eterno momento do agora.

E você, onde está agora? Enquanto lê este artigo e outros neste almanaque, sua mente fica divagando ou você está focado no momento? Você se sente conectado, equilibrado, confortável no seu corpo, à vontade consigo mesmo? Nesse caso, considere-se no fluxo e totalmente receptivo às informações destas páginas – e à dança da vida ao seu redor. Se sua mente está sempre sonhando acordada ou às voltas com preocupações, então você não está no momento presente. Mas com um pouquinho de foco intencional, isso pode mudar.

Nós precisamos aprender a treinar nossa mente. Nossos processos de pensamento estão intricadamente ligados às nossas emoções. Ambas as coisas estão ligadas às nossas experiências passadas, principalmente desta vida, mas sem dúvida às vidas passadas também. À medida que reagimos às várias experiências do dia a dia, é essencial examinarmos as razões por trás das nossas respostas. O que define o nosso humor a cada momento? Quanto mais escolhemos nos afastar de nossos pensamentos e emoções, mais claramente conseguimos nos enxergar. Quanto maior a frequência com que observamos a vida sem fazer dramas ou reagir emocionalmente até diante das menores coisas, mais aprofundamos a nossa autoconsciência. A autoconsciência e a atenção plena nos ajudam a entrar na onda da positividade, emprestando forças imensuráveis à nossa vida mágica e aos nossos trabalhos no mundo.

A dança cósmica

Muitos bruxos que leem este almanaque estão, sem dúvida, familiarizados com o livro clássico de Starhawk sobre o renascimento da bruxaria, *A Dança Cósmica das Feiticeiras*. Esse livro inovador afirma o fato de que tudo na vida está constantemente em fluxo. A dança em espiral da natureza é refletida nos ciclos do Sol, da Lua e dos planetas, e no ciclo de nascimento, vida, morte e renascimento. Nós dançamos a espiral da vida em tudo, desde a caça até as celebrações sociais. À nossa volta e dentro de nós, está a dança na espiral da vida. Dançar na espiral pode ser considerado uma prática essencial do nosso ofício.

Quando estamos no fluxo, estamos fluindo com a vida. Além disso, estamos dançando com a vida de um modo muito parecido com o deus hindu Shiva em seu aspecto Nataraj. Como um dos aspectos mais comuns do deus alquímico do hinduísmo, o deus Shiva Nataraj é visto como um emblema do perfeito Senhor da Dança.

Como todos os deuses, deusas e devas védicos, Shiva Nataraj é retratado de uma maneira rica em simbolismos, a fim de transmitir as qualidades da divindade e fornecer um ponto focal para os devotos. De fato, o hinduísmo é um caminho místico, mágico e antigo de sabedoria!

Nataraj é retratado dentro de um anel de fogo ardente (Agni) e também segura uma língua de fogo na mão esquerda; isso simboliza o alinhamento do deus com a natureza da mudança na vida, muitas vezes denominada "destruição". Contudo, Nataraj está no topo de um pedestal de lótus, representando a perpétua experiência de renascimento. Sob o pé direito, vemos ele "domar" ou sobrepujar o que é frequentemente chamado de "demônio da ignorância". Uma cobra (*Naga*) se enrola na cintura dele (representando shakti /o kundalini). Ele veste as roupas de um asceta (sadhu), significando o poder de renunciar aos apegos mundanos. É representado segurando um tambor damaru, que representa o ritmo constante da vida. As mãos e os pés dele são representados em posturas e mudras significativos, e o sagrado rio Ganges flui de seus cabelos.

Shiva é considerado o dançarino espiral perfeito, inteiramente no fluxo da evolução e da consciência. Nesse aspecto, Nataraj não está preocupado, não está distraído e não é nada além do tempo presente. Ao realizar seu dharma, Shiva Nataraj está no fluxo da vida e da existência. Podemos convocar Shiva e outras divindades alegremente iluminadas para nos ajudar-nos a permanecer no fluxo da vida.

Reflexões sobre as várias "realidades"

Pense no que você está fazendo neste exato momento. Para iniciantes, você está lendo este artigo nestas páginas do Almanaque Wicca. Essa é fácil! Agora, considere como você está sentado, onde está sentado e onde você se encontra no espaço-tempo. Em seguida, leve a sua mente a observar ainda mais detalhes sobre o momento presente. Possivelmente, você está lendo isso num ônibus. Ou talvez embaixo de uma árvore, de frente para o oeste. Ou talvez embaixo da mesma árvore, de frente para o leste. Existem muitas opções e muitas possibilidades, mas na realidade esses potenciais são infinitos e você poderia ter escolhido alterar qualquer uma dessas "realidades" a qualquer momento.

No momento presente, há literalmente um número infinito de escolhas que podemos fazer. Nesse exato momento, você pode optar por mover o dedo mínimo da sua mão direita, ou talvez o dedo indicador. Você pode escolher respirar mais fundo do que o normal ou talvez segurar a respiração por uma fração de segundo. Pode optar por olhar pela janela por um momento, ou pode olhar para a esquerda. Pode optar por fazer qualquer uma dessas coisas ao mesmo tempo ou talvez daqui a três segundos. Cada uma dessas escolhas é uma "nova realidade" que você cria; não podemos voltar atrás e mudar nem as menores ações. Na *tabula rasa* (folha em branco) da sua vida, você está escrevendo o livro da realidade de momento a momento. As possibilidades que podemos escolher a todo momento são literalmente infinitas; podemos escolher qualquer coisa a qualquer momento.

A vida é como um livro do tipo "crie sua própria aventura", mas de proporções monumentais. É impressionante perceber que podemos literalmente criar nossa realidade a todo instante. Mesmo que aparentemente inconsequentes, as coisas cotidianas são momentos que criamos conscientemente – e nem vamos entrar na teoria do efeito borboleta! Também vale a pena contemplar em que medida criamos nossa própria realidade *versus* em que medida ela é "pré-escrita" ou predeterminada. Esses aspectos mais profundos da teologia e filosofia existencial são jornadas que abraçamos à medida que nossas práticas metafísicas tomam forma, avançam e evoluem no nível pessoal.

Feitiços, rituais e trabalhos de cura no fluxo

O trabalho mágico depende das escolhas que fazemos a todo momento. Quando dançamos com o fluxo da vida, nossa magia e nossa arte se tornam transparentes como cristal; nós sabemos o que fazer e como fazer, dentro dos limites do nosso conhecimento e capacidade. A partir desse espaço, podemos surfar na onda progressiva da evolução consciente.

Quando existe trabalho mágico ou espiritual a fazer, podemos alcançar um alto nível de sucesso se estivermos no fluxo. Todos nós já tivemos dias em que debruçamos laboriosamente sobre muitos livros ou sites, procurando os ingredientes, encantamentos ou símbolos certos para usar no nosso feitiço. Não há nada de errado em pesquisar; a pesquisa é essencial para criarmos nossa magia com método. Contudo, todo o processo de reunir informações e escrever um feitiço ou ritual não requer quase esforço quando estamos no fluxo. Em vez de pesquisar exaustivamente, nossa intuição nos guia até aos recursos que precisamos. Quando estamos no fluxo, sabemos em quais sites clicar e que símbolos e palavras usar. Quando estamos no fluxo, sabemos quais ervas adicionar, subtrair ou substituir durante o trabalho mágico, e descobrimos que nossa intuição (e talvez nosso guias e guardiões espirituais) nos ajuda a achar facilmente os componentes e procedimentos de feitiços ou rituais. Quando estamos no fluxo, sabemos o que fazer, onde procurar e como alcançar nossos objetivos mágicos ou criativos, seja para nós mesmos ou para outras pessoas.

Quando recebo um pedido de um feitiço de cura ou de oração, não atendo o pedido até que eu tenha um momento no fluxo. Quando esse alinhamento vibracional ocorre, a magia simplesmente se faz praticamente sozinha, porque não estou preocupada com o estresse do tempo, com o dinheiro ou qualquer outro tipo de distração. Nesse fluxo enérgico, sei intuitivamente quais ervas e pedras usar no sachê que estou criando. Sei com quais deuses ou espíritos trabalhar para tratar uma determinada questão. Sei como realizar um ritual com confiança e clareza.

Quando alinhados com o fluxo, podemos ver mais facilmente o quadro maior de qualquer situação e por isso conseguir resultados muito melhores. Seja bruxaria, magia cerimonial, cura prática, oração, meditação ou trabalho artístico de qualquer tipo, tudo faz sentido e vem facilmente quando estamos no fluxo com a dança infinita da vida.

Encantamento para entrar no fluxo universal

Este é um encantamento extraído do livro *Como Ser uma Bruxa de Verdade*, de Deborah Gray (Editora Pensamento). Num dia de Lua cheia ou nova, pingue algumas gotas de óleo essencial de laranja num óleo carreador e vista alguma peça de roupa ou acessório roxo. Fique em frente a uma janela aberta e respire profundamente por alguns instantes, até acalmar o corpo e a mente. Vire as palmas das mãos para cima e repita este encantamento:

"No fundo do meu ser, minha alma é minha guia.
Deixo de lado meus medos e uma certeza me invade:
Mereço realizar todo o meu ideal
E seguir meu propósito com tranquilidade.
Abro minha mente e meu coração
Para o fluxo do amor universal.
Assim seja".

— Extraído e adaptado de "Getting in the Flow of Magickal Work", de Raven Digitalis, *Llewellyn's 2019 Witches's Companion.*

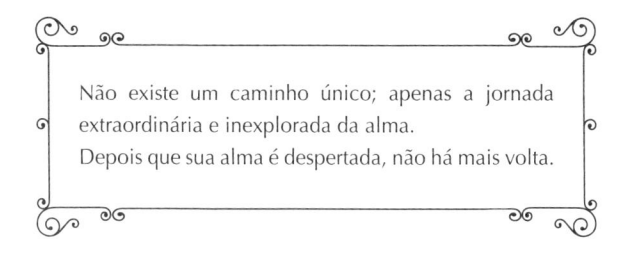

Não existe um caminho único; apenas a jornada extraordinária e inexplorada da alma.
Depois que sua alma é despertada, não há mais volta.

Como Usar a Magia para o Local de Trabalho

O local de trabalho está cheio de desafios que você precisa enfrentar na sua rotina diária: as fofocas, a disputa pelos projetos ou clientes mais cobiçados, os colegas que não hesitam em puxar seu tapete, as pressões para bater metas, e tudo mais que você suporta porque não pode abrir mão do seu salário. Para sua sorte, você pode usar a bruxaria a seu favor! Tome medidas práticas e mágicas para ajudá-lo a enfrentar o dia de trabalho sem deixar que isso o transforme num verdadeiro zumbi.

Soluções para impedir fofocas no local de trabalho

Convide para almoçar alguém com quem você não se dá muito bem no trabalho. Não se preocupe em tentar resolver as diferenças entre vocês, porque é muito provável que isso só sirva para começarem a jogar a culpa um no outro. Pode ser difícil descobrir onde todo esse antagonismo começou. Durante o almoço, segure disfarçadamente na mão um quartzo rosa e seja o mais agradável possível. Projete uma energia de simpatia. Seja tão divertido e extrovertido quanto possível, e a outra pessoa pode começar a ver você com outros olhos, por causa dessa energia ou porque, durante a conversa, vocês descobrem que ambos gostam da mesma série da Netflix. Os porquês importam menos do que os resultados aqui. Quando possível, ofereça-se para realizar algum trabalho que ninguém quer fazer, seja o que for que isso signifique no seu escritório. Para mim, isso significa arquivar os documentos de outros departamentos. Em seguida, experimente alguns encantamentos mágicos:

Mix de Especiarias para Combater Mexericos

Literalmente, divida seu "pão de cada dia" com seus colegas de trabalho. Asse um pão ou bolo, tanto faz. Apenas não se esqueça de acrescentar à receita o infalível "Mix de Especiarias para Combater Mexericos".

> **Você precisará de:**
> ✓ 1 pau de canela
> ✓ 3 cravos-da-índia
> ✓ 1 colher de chá de pimenta-da-jamaica
> ✓ 1 colher de chá de açúcar mascavo

Triture todos os ingredientes até obter um pó. Adicione 1 colher de sopa à sua receita de pão ou bolo. Ao mexer a massa no sentido horário, coloque sua intenção na massa. O açúcar mascavo é importante porque vai adoçar as pessoas para você, a canela garante ação rápida, os cravos-da-índia desestimulam os mexericos e a pimenta-da-jamaica vai lhe dar sorte nos seus assuntos profissionais. Enquanto assa o pão ou bolo, concentre-se em colocar sua intenção nele – que essas pessoas gostem de você e lhe sejam favoráveis em assuntos profissionais. Leve o pão ou bolo para o trabalho no dia seguinte. Ofereça-o a todos que estiverem lhe causando problemas, sejam colegas de trabalho ou superiores. Deixe o que sobrar no refeitório ou perto da mesinha de café.

Como adoçar o seu local de trabalho

Faça um feitiço de mel com a intenção de "adoçar" seu local de trabalho a seu favor. Você precisará do seguinte:

- ✓ 1 pote pequeno de mel
- ✓ 1 tigela pequena
- ✓ 1 saco de papel pequeno
- ✓ 3 cravos-da-índia
- ✓ 3 sementes de cardamomo
- ✓ 3 flores de camomila (de um saquinho de chá, se necessário)
- ✓ 1 vela verde pequena
- ✓ 1 caneta sem tinta para esculpir a vela

Coloque cerca de 1 colher de sopa de mel na tigela e coloque-a em seu altar como oferenda. Se possível, depois de alguns dias deixe a tigela perto da porta do seu local de trabalho (do lado de fora). Se não puder fazer isso, simplesmente pegue o saquinho de papel, que deve ser pequeno o suficiente para caber dentro do pote de mel, e escreva nele três vezes o nome completo de cada uma das pessoas que está lhe causando problemas no trabalho. Enquanto estiver escrevendo, não deixe sua caneta sair do papel (não é a beleza da letra que conta aqui; mas a continuidade do que faz).

Gotas de magia

Incorpore a magia das cores às roupas que usa no local de trabalho, para ter mais poder pessoal. O vermelho pode ser usado para ser um bom líder; o verde; para provocar transformação; o azul, para ter mais tranquilidade e o roxo, para ter uma comunicação melhor.

Coloque dentro do saquinho, 3 cravos-da-índia (para deter os mexericos), 3 sementes de cardamomo (para atrair sorte) e 3 flores de camomila (para proteger seu dinheiro). Enrole o saquinho na sua direção, fazendo um pequeno canudo, enquanto pensa na sua intenção de ter um ambiente de trabalho mais harmonioso, deter as fofocas e conquistar a simpatia das pessoas (o objetivo do mel). Coloque o saquinho dobradinho no pote de mel. Enrosque a tampa de volta no pote de mel e aperte bem. Coloque o pote sobre a pia (ou em algum lugar seguro, para não provocar um incêndio). Agora pegue a vela verde e esculpa nela um símbolo que signifique poder para você (pode ser um pentáculo), e reze à sua divindade favorita, pedindo para que ela o ajude a conseguir o que quer. Acenda a vela com um fósforo. Deixe um pouco de cera derreter na tampa do pote, para segurar a vela em cima dele. Deixe a vela queimar completamente (eu recomendo uma vela pequena por causa disso). Coloque o pote de mel sobre o seu altar. Certifique-se de que a vela continue queimando em cima do pote e reze uma vez por semana para mantenha a magia ativa.

Magia para ter uma renda estável

Experimente estas dicas e feitiços diários para conseguir ou manter uma renda estável:

* Peça uma moeda a cada morador adulto da sua casa. Deixe-as dentro de um copo pequeno. Coloque um espelho embaixo do copo, para ampliar o efeito. Cubra as moedas com mel. Defina sua intenção para o feitiço. Limpe tudo e substitua o mel antigo por um novo periodicamente.

* Cole um espelho em seu fogão para refletir seus queimadores, o que lhe trará muita prosperidade.

* Mantenha um galho de manjericão desidratado na carteira.

★ Grave símbolos e palavras que signifiquem prosperidade para você numa vela verde. Unte a vela com óleo de canela, passando o óleo na sua direção. Acenda-a com um fósforo, fazendo uma prece à sua divindade favorita e deixe-a queimar até o fim. Acenda uma vela nova toda semana.

Como enfrentar o dia num ambiente de trabalho doentio

Às vezes, mesmo detestando o seu ambiente de trabalho, o momento não é favorável para mudar de emprego, por isso tudo o que pode fazer é aguentar firme. Mas isso não significa que você precise simplesmente cruzar os braços e se conformar com a situação. Há coisas que podem tornar seu dia a dia muito mais tolerável. Uma delas é descobrir o que você precisa para ser feliz. Quando digo "feliz", não estou me referindo àquele tipo de felicidade que as pessoas mostram no Facebook ou no Instagram, ou seja, só fazendo coisas para "parecerem" felizes aos olhos dos outros...

Comece a pensar em realizar antigos sonhos, como escrever um livro, ajudar uma ONG a resgatar animais de rua, coisas que lhe façam ter orgulho de si mesmo e a se 'valorizar' como pessoa. Faça o que a sua alma gostaria de estar fazendo. Também não há como aumentarmos nossos valores monetários se não valorizamos a pessoa que somos. Ou seja, olhe para você e veja a pessoa "valorosa" que é. Pense nas suas qualidades, nos pequenos gestos de generosidade que já fez nesta vida. E não pense que você não tem qualidades. Todo mundo já fez algo de bom!

Outra providência que você pode tomar enquanto tem de suportar um emprego estressante é colocar sua magia em dia. Por que continuar tendo problemas com alguém que exerce poder sobre você e não fazer nada a respeito? Procure encantamentos que possam ajudá-lo a melhorar sua autoestima e poder pessoal. Pare de viver como um hamster numa roda. Isso não vai levá-lo a lugar nenhum.

Limpe sua mesa de trabalho com alguma solução antibacteriana. Mantenha sua área de trabalho arrumada para que a poeira energética não se acumule, atraindo entidades de baixa frequência e dificultando a sua vida. E, se a sua mesa vive cheia de documentos para serem arquivados e papéis inúteis, tome uma providência com relação a isso também. Já pensou em providenciar aquele armário extra que você tanto precisa? Talvez essa seja a solução "mágica" que você precisa para acabar com a bagunça. E, se o ambiente à sua volta está em ordem, naturalmente a sua vida também parecerá mais em ordem, o que faz uma grande diferença psicológica. Aproveite para enfeitar a sua mesa com alguns cristais que o protejam da energia negativa, como a hematita, ou uma planta que absorva essas energias.

Magia com a Planta da Ressurreição

Não bate sol na minha mesa de trabalho, por isso comprei para mim um vaso de rosa-do-deserto, chamada de Planta de Ressurreição ou Rosa de Jericó. Essa é uma planta desértica, o ambiente em que cresce é árido, por isso ela resiste à falta de água por muito tempo, embora não indefinidamente. Depois de algum tempo, tanto os galhos quanto o caule secam e a planta começa a se enrolar, formando uma bola. Mas, quando volta a ser regada, a planta de aspecto seco em três dias volta a ficar verde e florescer. Por conseguir sobreviver mesmo sem água e em ambientes inóspitos, física e espiritualmente, ela absolve energias negativas e é muito resistente a elas, sobrevivendo em qualquer ambiente. Você pode encontrar a rosa-do-deserto em lojas de plantas ou pela internet.

Você precisará de:
- ✓ 1 vaso de rosa-do-deserto
- ✓ 1 quartzo rosa
- ✓ 1 espelho pequeno

Coloque a Planta da Ressurreição e o quartzo rosa sobre o espelho redondo, para que ele amplie todas as vibrações positivas que a planta vai irradiar. E quando seu local de trabalho inevitavelmente tentar matar a planta, tudo bem! Sua planta vai secar e depois voltar à vida! A falta de luz solar é um ótimo motivo para explicar porque você tem uma Planta da Ressurreição sobre a mesa de trabalho. A sua planta vai absorver todas as vibrações negativas no seu lugar e você pode trabalhar em paz. Como diz o ditado, só porque você recebeu um saco de pedras, isso não significa que precise carregá-lo. Pode contar com a ajuda de um aliado do mundo vegetal!

– Extraído e adaptado de "Workplace Magic", de Deborah Castellano, *Llewellyn's 2020 Magical Almanac*.

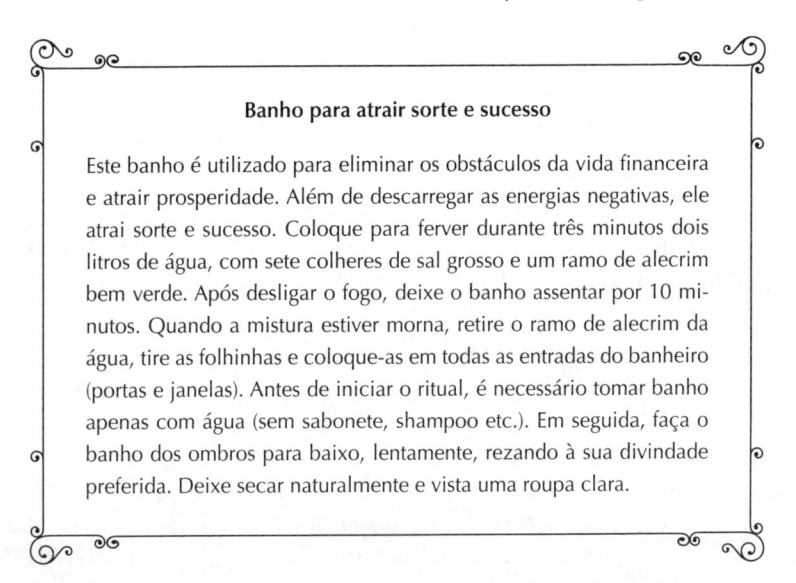

Banho para atrair sorte e sucesso

Este banho é utilizado para eliminar os obstáculos da vida financeira e atrair prosperidade. Além de descarregar as energias negativas, ele atrai sorte e sucesso. Coloque para ferver durante três minutos dois litros de água, com sete colheres de sal grosso e um ramo de alecrim bem verde. Após desligar o fogo, deixe o banho assentar por 10 minutos. Quando a mistura estiver morna, retire o ramo de alecrim da água, tire as folhinhas e coloque-as em todas as entradas do banheiro (portas e janelas). Antes de iniciar o ritual, é necessário tomar banho apenas com água (sem sabonete, shampoo etc.). Em seguida, faça o banho dos ombros para baixo, lentamente, rezando à sua divindade preferida. Deixe secar naturalmente e vista uma roupa clara.

Magia de Proteção para seu Meio de Transporte

A maioria de nós tem que ir para a rua, todos os dias, trabalhar, estudar ou cumprir nossas tarefas cotidianas. É claro que será muito melhor se pudermos usar nosso conhecimento mágico para melhorar um pouco a nossa experiência enquanto estamos em algum meio de transporte, para que o percurso seja mais tranquilo, possamos nos cercar de um nível etéreo de proteção e deixar mais agradável nosso trajeto de um local para outro. Em outras palavras, queremos empregar um pouco de "magia de transporte", termo que eu mesma criei. Existem várias maneiras de se fazer isso, então vamos dar uma olhada em algumas formas de usar nosso poder mágico, antes de precisarmos abrir nosso armário de suprimentos de magia.

Veículos "Alterados"

Entre os praticantes de magia, uma maneira muito comum de começar a transformar por meio da magia nosso meio de transporte é montar um altar no nosso carro. Se você tem um carro próprio, repare que o painel vazio parece implorar por um pouco de encantamento! Os altares móveis do painel do carro podem ser bem simples ou muito elaborados. Você que escolhe. Mas o principal objetivo da maioria deles é um só: invocar proteção e tranquilidade durante suas viagens. Com esses objetivos em mente, um bom jeito de começar a montar seu altar é selecionar uma imagem de animal de poder ou uma divindade com a qual você tenha afinidade e que você associe com proteção.

Na Índia, por exemplo, é comum ter uma estátua do deus elefante Ganesha no painel do carro. Ganesha tornou-se uma das divindades favoritas para esse tipo de magia devido à sua natureza amorosa e associações com a sorte, a prosperidade e a remoção de obstáculos. Na Tailândia, por razões semelhantes, qualquer táxi que você pegar terá um belo e muitas vezes ornamentado altar para o Buda no painel. Os católicos costumam ter uma estatueta da Virgem Maria no painel, e embora eles possam não chamar isso de "magia de transporte", de acordo com as definições dos wiccanos, certamente é!

Uma das minhas companheiras de coven muda e enfeita seu painel conforme a mudança das estações. A cada estação, ela procura objetos com uma temática sazonal e divertida. Por exemplo, no verão, ela coloca um flamingo rosa, elegante e divertido, no painel, para ser seu companheiro de viagem! No outono, ela pode substituir o flamingo por um pequeno bibelô de abóbora, e assim por diante.

Se preferir uma abordagem mais xamânica, você pode optar por colocar um animal de poder no altar do seu carro. Se você tem guardiões tão fortes assim na sua vida, faz sentido evocá-los durante suas viagens de carro. Uma pequena estatueta ou imagem impressa do seu animal de poder pode ser o foco central do seu altar. Além do animal de poder, você pode incluir muitos outros objetos da natureza, que emprestem seu espírito para proteger e orientar você nas ruas e estradas. Exemplos dos objetos mais usados são pedras encontradas em lugares com os quais você tenha alguma conexão, penas ou ossos encontrados no chão, ou galhos de árvores com associações relacionadas à proteção.

Magia no espelho retrovisor

Pingentes, amuletos e talismãs pendurados no espelho retrovisor são um método muito popular de adicionar um pouco de magia ao seu carro. Se você optar por esse tipo de magia de transporte, recomendo algo muito simples, de tamanho pequeno, para não causar nenhuma distração nem atrapalhar sua visão enquanto estiver dirigindo. Talismãs simples, como um cristal ou uma imagem pequena de uma divindade num cordão podem funcionar muito bem pendurados no espelho. Saches perfumados ou saquinhos com ervas podem ser pendurados no espelho também. Mais adiante, discutiremos algumas questões simples sobre os ingredientes desses saquinhos. Alguns optam por pendurar contas de rosário no espelho retrovisor. Há quem considere os terços e rosários objetos muitos ligados à religião, mas outras acham que essa é a escolha perfeita. Tudo é uma questão de gosto.

O talismã que vejo muitas vezes pendurado nos espelhos retrovisores (e que eu não entendo muito bem por quê) são os apanhadores de sonhos dos nativos norte-americanos. Todos os meus amigos que são descendentes de nativos norte-americanos ficam intrigados com isso, imaginando por que alguém iria querer pendurar um talismã para o sono no espelho retrovisor de um carro! Parece um pouco, digamos, contraditório, pois um objeto que serve para induzir um sono tranquilo não pode ajudar o motorista de um carro a fazer uma viagem segura! O que quero dizer é: ao selecionar os objetos que está pensando em incluir no seu meio de transporte, verifique se eles combinam com os seus objetivos.

Magia secreta

Algumas pessoas preferem artifícios menos aparentes, que não deixem a magia à vista de todos. Há muitos lugares, num veículo, para esconder a magia, que pode ser tão simples quanto programar uma pequena pedra ou cristal e colocá-lo no porta-malas ou sob um assento, ou deixá-lo um pouco mais escondido, dentro de um saquinho, embaixo do assento. Não há realmente nenhuma resposta certa ou errada para o número de ingredientes que você deve colocar no seu saquinho mágico. No entanto, é interessante observar que, por tradição, esses saquinhos contêm números ímpares de ingredientes, que variam de um a treze.

Para criar um saquinho mágico simples para usar no seu carro, corte um pequeno quadrado de tecido numa cor que você associa à segurança e proteção e providencie uma fita ou cordão para fechá-lo, um pequeno cristal de quartzo e algumas das ervas a seguir, associadas a viagens seguras: orégano, artemísia, confrei, lavanda e hortelã. Coloque o quadrado de tecido num lugar plano e, concentrando-se na sua intenção, coloque uma pequena quantidade de cada ingrediente, terminando com o cristal, no centro do quadrado. Depois, imponha as mãos sobre ele e envie sua energia de intenção aos ingredientes. Junte as quatro pontas e amarre o saquinho com o cordão ou fita. Você pode afirmar ainda mais suas intenções, colocando o saquinho em suas mãos e soprando sua intenção nele. Agora coloque sua criação discretamente dentro do seu carro.

Bênçãos do veículo

Outro método de magia de transporte é abençoar o veículo. Se você nunca viu isso antes, saiba que é semelhante a abençoar uma casa, só que a bênção é voltada e dimensionada para um veículo. Uma bênção geral com o auxílio dos quatro elementos, utilizando água benta, defumação, incenso, preces e cânticos pode ser realizada dentro do carro ou em volta dele, para invocar segurança e proteção para o veículo e para todos que forem transportados nele. Você pode até usar um óleo mágico que se adapte aos seus propósitos para ungir o volante, os pneus e muito mais. Depois que a bênção for realizada, o veículo vai se parecer com qualquer outro, mas estará carregando uma magia secreta! Ela também funciona, não importa o quanto o meio de transporte seja grande ou pequeno, desde skates e bicicletas até carros e caminhões. Você também costuma ser pedestre? Unja e abençoe seus sapatos! Encante seus cadarços! Seja criativo – a magia de transporte é para todos.

Você não precisa ter carro para fazer magia de transporte

Como já mencionei, talvez você não tenha um automóvel. Muitas táticas da magia de transporte são aplicáveis se você anda de moto, bicicleta, a pé ou usa transporte público. O conhecimento mágico tem a maravilhosa capacidade de se adaptar às circunstâncias. Por exemplo, com uma bicicleta, você ainda tem rodas que pode ungir, embora duas em vez de quatro. Você pode não ter um volante, mas tem um guidão. Além disso, embora a sua moto ou bicicleta não tenha porta-malas ou porta-luvas, você pode adicionar uma bolsa ou cesta a ela. De repente, a maioria dos pequenos truques de magia para carros são novamente possíveis!

A aventura que é usar transporte público é uma experiência quase diária para os moradores das grandes cidades. Mas mesmo aqueles que andam principalmente a pé, de ônibus e de metrô não precisam se preocupar. Se o seu chaveiro tem uma chave de carro ou não, ele é uma excelente oportunidade para você fazer magia de transporte. Chaveiros de cristal simples podem ser comprados ou confeccionados e encantados para propiciar viagens seguras. Talvez você possa encontrar um encantamento ou talismã para seu chaveiro, que o conecte a um animal de poder ou divindade protetora. As possibilidades são infinitas.

Banho de proteção para o seu meio de transporte

Há também uma prática fabulosa no Vodu chamada "lavagem". Se você não conhece, saiba que geralmente se trata de uma receita líquida composta de água e outros ingredientes à base de ervas com que se "lava" algo para uma finalidade específica. É fácil adaptar essa limpeza mágica à magia de transporte: basta consultar sua tabela favoritas de ervas e suas correspondências. Você provavelmente vai descobrir que tem a maioria dos ingredientes em casa, na cozinha ou no seu kit de suplementos para magia (embora eu ache que o armário da cozinha seja simplesmente uma extensão do seu kit de suplementos para magia!).

Vou apresentar aqui uma receita fácil para uma lavagem básica. A receita é uma sugestão, por isso sinta-se à vontade para ajustar quantidades e substituir ingredientes conforme necessário. Num balde cheio de água quente, coloque o seguinte:

- ✓ 2 colheres de sopa de vinagre branco
- ✓ 9 gotas de óleo de pinho ou 9 agulhas de pinheiro
- ✓ 1 pau de canela
- ✓ Um punhado de erva-doce

Deixe os ingredientes em infusão por cerca de dez minutos e, em seguida, use uma esponja para lavar o veículo ou o exterior dos sapatos com a mistura, enquanto visualiza uma crescente luz protetora ao redor do seu modo de transporte. Quando terminar, despeje o balde da mistura na terra, para transmutação de qualquer energia negativa.

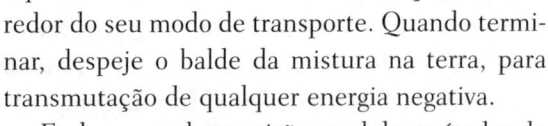

Embora esta breve visão geral dos métodos de magia de transporte seja simples e direta, saiba que a magia tem um baú de possibilidades para você. Não importa o seu modo de transporte, que você tenha uma jornada segura e abençoada ao longo do seu caminho.

– Extraído e adaptado de "Transportation Mojo",
de Blake Octavian Blair, *Llewellyn's 2020 Magical Almanac*.

Magia para sua Casa Nova

Mudar para uma casa nova é uma estranha magia, que mescla a emoção diante do desconhecido com a tristeza de deixar para trás tudo o que você conhece. Pense em você como uma planta. Você está literalmente tentando "transplantar" a vida que você criou e a identidade que você construiu para um novo ambiente. Talvez já tenha testado o solo da sua nova casa e tenha certeza de que os níveis de pH são exatamente o que você precisa, ou talvez só tenha resolvido jogar algumas sementes ao vento para ver o que brota. Pode ser que você crie raízes super-rápido ou tenha que se mudar novamente alguns meses depois, porque não conseguiu sol e nutrição.

De qualquer maneira, a mudança faz bem para a alma. Mover os móveis pela casa agita o ambiente e acaba com a energia parada. Mover seu corpo, seja num tapete de yoga ou na dança, faz a mesma coisa e elimina qualquer emoção ou energia que esteja estagnada ou colada à sua mente e tecidos. O movimento limpa a atmosfera e abre espaço para novas oportunidades, experiências e relacionamentos.

Na minha infância e adolescência, mudei várias vezes de endereço. Nunca cheguei a morar no mesmo lugar por mais de quatro anos. Não, meus pais não eram diplomatas. Eu só tinha uma mãe do signo de Sagitário, com ascendente em Sagitário. Na maioria das vezes, não tive escolha. Eu era jovem demais para opinar. Minha mãe me dizia que iríamos morar em outra cidade e eu tinha que acatar, recolher os brinquedos e as roupas de que eu gostava mais e deixar para trás o que não cabia no carro. Aprendi muito cedo a distinguir o que era importante daquilo que não importava de fato, mesmo que o objeto fosse bonito e parte de mim estivesse triste por deixá-lo.

Mudávamos para viver novas aventuras, às vezes sem qualquer aviso ou planejamento. Mamãe queria uma mudança de cenário ou um novo emprego. Às vezes nos mudávamos em busca de novas experiências e às vezes porque a vida antiga tornara-se opressora demais para uma mãe solteira. Eu me acostumei à energia que fluía livremente, nunca estagnando. E isso me deixou viciada em buscar coisas novas.

Mas não importa por que nos mudamos ou a que distância ficaremos da nossa última morada, o importante é entender que sempre levamos nossos problemas conosco; nós somos quem somos, não importa onde estejamos. (Use isso como um mantra. Além de ser um trava-língua engraçado, também é verdade.)

Mudar faz bem. Mudança é vida. Se paramos de nos mover e de mudar, de evoluir e crescer, não estamos mais vivendo. No entanto, a mudança nunca fará com que nossos problemas desapareçam. A magia, porém, pode ajudar muito!

Regras mágicas para tempos de mudança

Normalmente, nunca dito regras, mas algumas fazem sentido. Aqui, estão algumas das minhas práticas mágicas testadas e comprovadas, que tornaram minhas mudanças mais tranquilas e bem-sucedidas:

Livre-se do que não usa mais

Eu nunca levo tudo comigo. Examino cada par de meias e cada livro, e, como fazia quando era criança, decido conscientemente o que eu quero levar comigo e o que preciso deixar para trás, agradecendo os objetos que não quero mais. Isso vale para coisas físicas e também para modos de pensar e comportamentos. Mesmo que eu doe apenas um pequeno saco de roupas ou jogue fora uma meia sem par, sei que estou me livrando do velho para abrir caminho para algo novo e melhor. Quando desatravanca a sua casa, você desatravanca a sua vida.

Deixe a vassoura e a pá na sua antiga casa

Pense nisso. Você varreu meses ou anos de poeira, sujeira e todo tipo de coisa repugnante com essa vassoura e pá de lixo. Eu não ligo se essa vassoura é novinha em folha ou se a sua pá está em perfeito estado. Esses utensílios já foram usados na sua antiga casa. Você realmente quer levar essa energia ou sujeira física para a sua nova residência? Energeticamente, você quer que sua mudança signifique vida nova. Isso merece alguns novos materiais de limpeza. As primeiras coisas que compro sempre que me mudo para um novo local é uma vassoura e uma pá.

Limpe a porta da frente

Encha um balde com água morna e jogue ali dentro um pouco de sal, um punhado de alecrim seco e algumas gotas de suco de limão. O sal é para purificar, o alecrim é para proteger e o limão é para ter prosperidade. Pegue um pano limpo e mãos à obra! Limpe a porta da frente de ambos os lados. Assim você retira toda energia velha que se apegou à casa e garante que apenas boas vibrações passem por ali.

Ritual para abençoar sua antiga casa

Eu acho importante ser grato por cada passo que damos na vida. Cada passo adiante só é possível graças ao terreno que apoiou nossos pés no passo anterior. Este ritual purificará a energia da sua antiga casa e abrirá espaço para o próximo morador. Ele expulsará toda negatividade e abençoará o apartamento ou casa para quem ali residir, depois que você for embora. Também cortará as amarras que prendem você ao lugar, deixando-o livre para seguir em frente.

O feitiço deve ser lançado na hora das bruxas, então deixe para fazer o ritual à meia-noite, um dia antes de se mudar. No entanto, se isso não for possível, você pode trocar as palavras: "hora das bruxas" por "esta hora mágica", porque todas as horas têm potencial para serem mágicas.

Você vai precisar de:
- Uma ponta de selenita ou de cristal transparente
- Um tambor ou pandeiro ou uma panela e uma colher de pau
- Um pacote de velas brancas comuns
- Uma música que faça você querer dançar (gosto de "Shake It Out", de Florence and the Machine)

Prepare o ambiente colocando uma vela em cada direção (norte, sul, leste e oeste), no peitoril de janelas ou no chão. A primeira ordem do dia é purificar o ar. A mudança é uma novidade para todos os envolvidos. Isso vale tanto para você quanto para as pessoas que vão se mudar para a sua casa, depois que você se for. Você quer ter certeza de que está eliminando dali sua própria energia para abrir espaço para a delas. Além disso, cortando a amarras, ou seja, o apego que liga você a pessoas e lugares, você se manterá mais saudável e estabelecerá sua ligação com o momento presente.

Gotas de magia
Reserve um tempo para abençoar sua antiga casa. É tentador mudar sem olhar para trás, mas você só atrairá coisas boas se abençoar o lugar que lhe serviu de abrigo.

Antes de tudo, você precisa retirar sua energia do espaço. Então, coloque sua música favorita para tocar, pegue seu instrumento para fazer barulho e comece a dançar pela casa. Faça tanto barulho quanto quiser e divirta-se com ele. Aja como se você estivesse gerando energia para uma área da casa e "perseguindo-a" com o som e os movimentos dos braços e do corpo.

Para iniciar o ritual, use sua varinha de selenita ou cristal de quartzo para desenhar seu círculo. Faça-o tão grande quanto é a sua residência. Percorra todos os cômodos do seu apartamento ou casa três vezes, fazendo com que todos sejam incluídos no seu ritual.

Depois que o círculo estiver lançado, fique de frente para o norte, com os braços abertos e as palmas voltadas para a frente. Então diga:

> *Nesta noite, na hora das bruxas,*
> *Clamo ao poder da Divindade.*
> *Fique comigo neste espaço sagrado;*
> *Abençoe este lugar com amor e graça.*

Acenda a vela no norte. Mantendo as palmas das mãos abertas, vire o rosto para o leste. Então, diga:

> *Vento forte e brisa suave,*
> *Abençoe este espaço com paz e tranquilidade.*

Acenda a vela no leste. Mantendo as palmas das mãos abertas, vire o rosto para o sul. Então diga:

> *Chama feroz e luz mais brilhante,*
> *Limpe esse espaço, deixe-o radiante.*

Acenda a vela no sul. Mantendo as palmas das mãos abertas, vire o rosto para o oeste. Então diga:

> *Águas de cura que fluem neste lugar,*
> *Que as boas vibrações possam se propagar.*

Acenda a vela no oeste. Fique no centro do espaço onde você passou mais tempo, seja a cozinha, o quarto, a sala de estar ou outro cômodo. Abra bem os braços e diga:

> *Antes de ir, quero deixar claro:*
> *O tempo que residi aqui foi abençoado.*
> *Obrigado por seu abraço seguro e amoroso.*
> *Sou verdadeiramente grato por ter aqui morado.*
> *Que os novos moradores também sejam abençoados.*
> *Que assim seja.*

Apague as velas e desenhe um pentagrama na fumaça acima delas. Em seguida, vire-se para a porta da frente e abaixe a cabeça. Perdoe o que não foi perfeito e agradeça pelo que foi bom. Honre o espaço e irradie amor, para que ele possa abençoar o próximo morador com todas as coisas boas que tem a oferecer. Você pode deixar as velas não usadas numa gaveta para quem vier. Eu gosto de pensar que essas velas vão ajudar seu futuro morador se a eletricidade acabar e ele precisar de um pouco de luz. Ande pelo lugar no sentido anti-horário, desenhando o círculo com a varinha de cristal. Eu sempre termino meus rituais dizendo:

> *O círculo está aberto, mas nunca rompido.*

Certifique-se de colocar a varinha de cristal no sol por três dias, deixando-a se limpar e se recarregar de luz.

Uma bênção mais curta

Mesmo com esta lista de regras, não leve nada disso tão a ferro e fogo, a ponto de se sentir estressado. A magia está na intenção. Se você não tem tempo ou liberdade para abençoar a casa inteira, sussurre uma bênção na porta da frente, dizendo:

> *Que todos os que morarem neste lugar sejam felizes e prósperos.*

Pode ser simples assim.

Se você está construindo sua própria casa, pode inscrever feitiços e mantras nos pregos, tecendo magia até nos próprios alicerces da casa. Se estiver mudando para uma casa totalmente nova, certifique-se de varrê-la antes que a primeira caixa seja levada para lá.

Quando fui morar com meu namorado e o colega de quarto dele, meu namorado fez a limpeza inicial. Ele varreu o closet e tirou toda bagunça de lá, depois eu defumei tudo com um ramo de sálvia. Na minha primeira noite morando ali, fizemos pizzas em casa e nosso companheiro de quarto tocou uma música no violão. No dia seguinte, brindamos a mudança com mimosas, um drinque de suco de laranja com espumante. Era algo simples e não excessivamente espiritual, porque sou a única pagã, mas foi um gesto bonito e cheio de boas intenções.

Lar é onde o coração está

Depois de me mudar tantas vezes com minha família, eu entendo mais do que a maioria das pessoas que lar é de fato onde o coração está (ou onde seus cães estão). Sua casa é o centro da sua vida, assim como o coração é o chakra central, que reúne os poderes cósmicos e terrestres. A vibração que a sua casa carrega, a sensação que seu espaço lhe dá, afeta tudo, desde a sua vida sexual até o modo como você é tratado no trabalho. Se você se sente seguro e confiante em casa, essa sensação certamente o acompanhará em todos os lugares.

– Extraído e adaptado de "Magic for Moving to a New Place", de Divina Cornick, *Llewellyn's 2020 Magical Almanac*.

O Poder da Magia das Grades de Cristal

Criar uma grade de cristal é um poderoso ato de magia para obter um determinado resultado. Quando estamos sob a influência de uma delas, sentimos a matriz criativa do universo se manifestando. Sentir a energia de uma grade pode ser uma experiência poderosa e revigorante. Além disso, trabalhar com cristais é divertido e sempre acrescenta uma dose generosa de eficácia a qualquer trabalho de magia. E não podemos nos esquecer de que, após a conclusão da sua grade, você tem uma bela mandala para decorar a sua casa, brilhando com o esplendor inconfundível do encantamento criado com os minerais preciosos e brilhantes da terra.

Princípios básicos das grades de cristais

As grades de cristais baseiam-se na energia da geometria sagrada e nas poderosas vibrações cristalinas. Elas requerem uma estrutura específica, mas sua criação também é uma atividade extremamente criativa, que pode ser adaptada de acordo com a sua preferência. As diretrizes a seguir o ajudarão a construir as grades de cristal descritas nas próximas páginas, mas você também pode usá-las para criar suas próprias grades, com os cristais que têm disponíveis na sua casa e que se adaptem as suas próprias intenções e gosto estético.

Primeiro, declare sua intenção. É sempre mais eficaz fazer isso no tempo presente, como se já fosse verdade. Por exemplo, se optar por criar uma das grades a seguir, você pode afirmar: "Eu sou bem-sucedido", "Eu sou rico" ou "Estou seguindo o fluxo divino". Além de formular a declaração, acrescente um impulso à sua intenção, pronunciando essa declaração em voz alta e anotando-a em algum lugar, como um diário ou agenda.

Em seguida, providencie ou crie uma base de tecido no qual fará sua grade de cristal. Pode ser um quadrado de aproximadamente 30 cm de cada lado, representando um padrão geométrico sagrado. Se você não tem muita aptidão para criações artesanais, tente pesquisar "pano de grade de cristal" no Google e poderá encontrar algumas opções. Como alternativa, você pode usar um padrão geométrico impresso ou desenhado num papel, desde que seja grande o suficiente para conter os seus cristais. Será melhor que selecione um padrão que tenha propriedades que estejam em sintonia com o seu objetivo. As grades a seguir incorporam três dos desenhos mais populares para grades de cristal: a flor da vida (que promove a expansão positiva), a semente da vida (que fortalece o nosso poder de manifestação e multiplicação sem limites), e o cubo de Metatron (que irradia precisão e sintonia com a sabedoria divina e a dança do cosmos).

Em seguida, monte a sua grade de cristais. Para as que sugerimos a seguir, você encontrará uma lista dos ingredientes que vai precisar. E poderá ler as descrições para obter uma compreensão prática de como a grade funciona. Claro, você também descobrirá como as grades funcionam ao criar suas próprias grades.

Para começar, você precisará de uma pedra-âncora. Essa é a pedra mais substancial da grade: geralmente é um aglomerado, uma pirâmide ou uma ponta de cristal simétrica. A pedra-âncora é o coração da grade: é importante que as propriedades dessa pedra e a sensação que ela transmite estejam em completa sintonia com o que quer manifestar.

Você também precisará de várias pedras que serão posicionadas em pontos estratégicos da mandala, ao redor da pedra-âncora. Pensar nessas pedras como veículos que vão transportar sua intenção para fora da pedra-âncora, em ondas vibratórias concêntricas, e irradiá-la para o mundo na mais perfeita expressão. (Ao criar seu próprio desenho, siga sua intuição com relação a quais pedras escolher e onde colocá-las na grade. Você também pode brincar com as cores dos cristais, até que tudo pareça "se encaixar no lugar".)

Agora, limpe e carregue seus cristais. A limpeza remove os detritos energéticos e ativa as propriedades metafísicas das pedras. Se possível, banhe as pedras num local onde a água esteja em movimento, como as ondas do mar ou um riacho na montanha. Se você não tem acesso ao mar ou a um riacho, pode simplesmente colocá-los sob a torneira por um a três minutos. Depois de limpar as pedras na água, deixe-as ficar sob luz solar intensa por cerca de cinco a dez minutos.

Por fim, crie sua grade. Depois de espalhar seu pano numa superfície plana (passe-o a ferro se necessário), comece a montar a grade pela pedra-âncora, que você colocará no centro exato do padrão.

A partir da pedra-âncora, comece a compor o círculo de pedras mais próximo da âncora e depois siga para o círculo seguinte, que fica um pouco mais distante, e assim por diante. Qualquer que seja a grade que você crie para atrair ou evocar uma condição específica, sempre coloque as pedras no sentido horário. Quando criar grades para banir, dissipar ou diminuir uma situação, será mais eficaz colocar as pedras no sentido anti-horário.

O ideal é que você deixe sua grade no lugar por pelo menos um ciclo da Lua, ou 28 dias. Depois escolha o local onde ela vai ficar. A sua grade será eficaz em qualquer lugar onde a coloque, mas se o seu espaço for grande o suficiente para lhe oferecer mais de uma opção, pode colocar sua grade no setor do Feng Shui que lhe parecer mais em sintonia com a intenção da sua grade.

Se ainda não conhece as áreas do Feng Shui da sua casa, aqui está uma orientação rápida para encontrar as áreas ideais para as grades a seguir. Lembre-se de que se a planta da sua casa ou escritório for irregular (ou seja, não em forma de retângulo ou quadrado) ou se você estiver criando grades para fins alternativos, você precisará fazer mais pesquisas para descobrir onde colocar as grades no seu espaço.

Segundo o livro *A Arte da Magia para Arrumar e Proteger a sua Casa*, de Tess Whitehurst, publicado pela Editora Pensamento, as casas têm centros de poder que correspondem a áreas específicas da nossa vida. A disposição desses centros de poder deriva dos ensinamentos do feng shui. Para saber onde colocar sua grade de cristal, estude o esquema a seguir, que mostra onde estão esses centros mágicos com base na planta da sua casa:

Gratidão e Prosperidade	Esplendor e Reputação	Amor e Casamento
Saúde e Relacionamentos Familiares	Sinergia, Equilíbrio e Felicidade	Criatividade e Diversão
Serenidade e Autoestima	Carreira e Trajetória de Vida	Sincronicidade e Milagres

↑ Entrada Principal ↑

Grade do Sucesso

> **Você precisará de:**
> ✓ Pano representando a flor da vida
> ✓ 1 drusa de pirita (P)
> ✓ 6 hematitas roladas (H)
> ✓ 6 rubis rolados (R)
> ✓ 6 quartzos rosa rolados (RQ)

Essa grade impulsionará seu sucesso e o ajudará de maneira espetacular, expressando o desejo do seu coração.

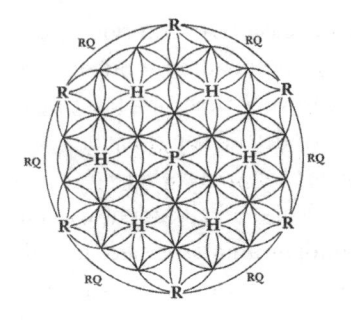

Primeiro, formule claramente sua intenção relacionada ao sucesso no tempo presente. Coloque a pirita (P) no centro para ancorar sua intenção de ter um sucesso duradouro em sua carreira ou em qualquer empreendimento. Em seguida, coloque as hematitas (H), como mostrado na figura, no sentido horário, para infundir seu sucesso com calma, estrutura e sabedoria divina.

Novamente, no sentido horário, coloque os rubis (R), para simbolizar a alegria e a vitalidade que você sente quando compartilha suas paixões com o mundo. Termine com os cristais de quartzo rosa (RQ), para que seu sucesso seja uma expressão de devoção e amor pelo próximo.

Grade da abundância

Você precisará de:
- ✓ 1 Pano representando a semente da vida
- ✓ 1 ponta de quartzo transparente, que pode ficar na posição vertical (QP)
- ✓ 6 quartzos transparentes rolados (Q)
- ✓ 6 cornalinas roladas (C)
- ✓ 6 aventurinas roladas (A)
- ✓ 6 pontas de quartzo citrino (CQ)

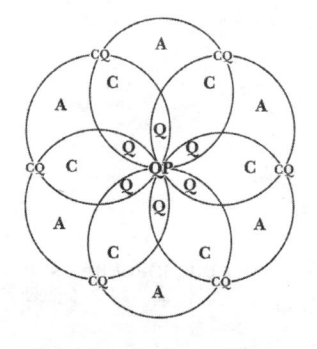

Você pode imaginar essa grade como bolotas douradas de caralho, que dará à luz a florestas sem fim.

Depois de afirmar claramente sua intenção relacionada à riqueza no tempo presente, coloque a ponta de quartzo (QP) no centro da grade, para ativar e energizar um fluxo interminável de riquezas. Para energizar e despertar ainda mais esse fluxo, coloque os quartzos transparentes rolados (Q) em volta da pedra-âncora (no sentido horário) como mostrado. Conforme mencionado na Grade do Sucesso, vá montando cada círculo sucessivo de cristais no sentido horário. Para dar impulso à sua autoconfiança, bem como à sua capacidade natural de atrair dinheiro com facilidade e alegria, coloque as cornalinas (C) como mostrado. Em seguida, coloque as aventurinas (A), para abrir seu coração para seu próprio valor e entrar em sintonia com as vibrações da sorte. Por fim, disponha as pontas de quartzo citrino (CQ), apontando para fora, para enviar toda essa magia para o mundo e irradiar uma poderosa energia magnética que atrairá irresistivelmente riquezas e bênçãos de todos os tipos.

Grade do tempo divino

> **Você precisará de:**
> ✓ 1 Pano representando o cubo de Metatron
> ✓ 1 drusa de celestina (C)
> ✓ 6 ágatas roladas de cor cinza ou transparente (A)
> ✓ 6 pontas de quartzo claro pequenas ou médias (Q)
> ✓ 6 pequenos sodalitos rolados (S)
> ✓ 6 pequenas hematitas roladas (H)

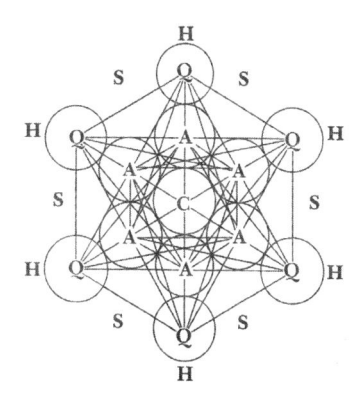

Essa grade mantém você em sintonia com a energia da vasta ordem do cosmos. Ao criá-la, você dá as boas-vindas a um fluxo mais auspicioso e harmonioso em sua vida. Diga ou escreva: "Estou no fluxo divino". Então você está pronto para colocar a drusa de celestina (C) no centro para sintonizar sua grade com a consciência do cosmos e a frequência do reino angélico. Movendo-se no sentido horário (agora e a cada sucessivo círculo de pedras), organize as ágatas (A) como mostrado para entrar em sintonia com a energia e a sabedoria divinas. Em seguida, disponha as pontas de quartzo (Q) como mostrado, certificando-se de que estejam apontando para fora. Coloque as sodalitas (S) ao lado, para invocar uma sensação de calma, ordem e confiança de que tudo está se desenrolando perfeitamente. Por fim, posicione as hematitas (H) para ancorar a harmonia invisível das esferas no reino visível da forma.

Caso queira complementar seus conhecimentos sobre grades de cristal, leia *O Guia Definitivo da Geometria Sagrada com Cristais,* Judy Hall, Editora Pensamento.

– Extraído e adaptado de "Crystal Grid Magic",
de Tess Whitehurst,
Llewellyn's 2020 Magical Almanac.

Cristais para ajudar a sonhar

- O jaspe vermelho e o amarelo são pedras excelentes se você tem dificuldade para se lembrar dos sonhos.
- O jaspe sanguíneo estimula os sonhos e desperta seu subconsciente quando está relaxada.
- A ametista ajuda a comunicação e a conexão, e pode estimular sonhos intuitivos. Uma ametista debaixo do travesseiro também pode ajudar a protegê-la de pensamentos negativos ou pesadelos.

A Maçã e sua Magia Através dos Tempos

A maçã sempre teve um lugar de destaque nas culturas e mitologias de todo o mundo. Ela era a fruta consagrada à deusa romana Pomona, a padroeira das frutas, à deusa irlandesa Aillin e à deusa escandinava Idunna.

Na tradição Wicca, a maçã é a fruta sagrada da Deusa. Seu formato já é mágico. Se você cortá-la verá que ela tem um pentagrama, ou estrela de cinco pontas, no meio. Cortada na horizontal, as sementes formam o pentagrama e representam a manifestação da Deusa como Mãe. Cortada na vertical, representa a Deusa como Donzela; enquanto a maçã inteira, contendo as sementes no seu interior, representa a Deusa como Anciã.

A simbologia da maçã é muito ampla: vida e morte, amor e tentação, imortalidade e conhecimento são apenas algumas esferas representadas por essa fruta. A variedade e controvérsia em torno dela faz sua exploração emocionante e gratificante, principalmente no campo da magia e do bem-estar mental e espiritual.

As maçãs douradas da beleza e do amor

Na Bíblia e no Alcorão, a maçã era um fruto da Árvore do Conhecimento do Bem e do Mal. Na Arte Medieval, essa árvore misteriosa era retratada como uma macieira, possivelmente devido à semelhança das palavras latinas mālum ("evil") e malum ("maçã"). A concepção da queda do Antigo Testamento dotou a maçã com um significado contraditório de sabedoria e poder de sedução feminino. Acredita-se também que a força mágica desse fruto, nas antigas tradições, tenha determinado a escolha dela, pela Igreja Católica, como a fruta maléfica do Jardim do Éden.

Nos países celtas e escandinavos a maçã simboliza a vida e o renascimento, sendo ofertada às divindades para assegurar a sobrevivência e a cura. Na Irlanda, costumava-se cortar uma maçã em duas metades, mentalizar dentro dela uma doença, um problema ou um hábito nocivo. Depois, amarrava-se as metades e a enterrava em seguida na terra, para transmutar as energias negativas. No primeiro domingo de setembro, ainda se costuma celebrar a Festa das Guirlandas. Os camponeses amarram maçãs vermelhas em guirlandas de ramos verdes e saem em procissão para os cemitérios, onde espalham as guirlandas sobre os túmulos, como oferenda para a renovação da vida.

No País de Gales, na noite de Samhain, maçãs vermelhas eram enterradas em rituais, para alimentar o espírito dos parentes e amigos já falecidos, enquanto eles aguardavam, no Mundo Subterrâneo, o seu renascimento.

O nome de Avalon, na língua celta, significa "Terra das Maçãs, reforçando o simbolismo desse lugar como um refúgio para as almas à espera do renascimento.

O eterno equilíbrio entre a razão e a paixão é bem apresentado na carta dos Enamorados, do tarô Rider-White-Smith. Essa carta retrata uma cena do Éden: um casal nu, um anjo acima deles e duas árvores. Uma serpente enrolada ao redor de uma das árvores nos leva de volta no tempo e nos remete à mitológica macieira do Jardim das Hespérides, guardada pelo dragão Ladon. Hera recebera de Gaia lindas maçãs (pomos) de ouro como presente pelo seu casamento com Zeus e mandou plantá-las em seu longínquo jardim, no extremo Ocidente. Ela deu às Hespérides, ninfas do entardecer e filhas de Atlas, a função de proteger esse jardim. Quando as ninfas começaram a usar os frutos dourados em seu próprio benefício, Hera teve de procurar um guardião mais confiável. Assim Ladon, o dragão com corpo de serpente e cem cabeças, passou a proteger o jardim. As maçãs douradas eram os presentes celestiais da imortalidade, da sabedoria e da beleza. Considerando suas qualidades quase mágicas, não surpreende que maçãs das lendas eslavas fossem consideradas "maçãs da juventude", que concediam eterna juventude e beleza ainda que exigissem grandes esforços para encontrá-las.

Com a ambição de serem os melhores e mais bonitos, e obcecados pelo desejo de parar o tempo e preservar sua beleza física, muitos esquecem a outra interpretação da beleza: a marca dos dons divinos que vêm de dentro. A luz eterna da bondade e da compaixão, que a pessoa inevitavelmente irradia de dentro para fora, atraindo pessoas com muito mais força e intensidade do que roupas, cosméticos ou qualquer outro recurso externo. Todas essas qualidades são dádivas invisíveis e ainda muito mais confiáveis e duradouras.

A mítica maçã dourada nos lembra os efeitos colaterais do amor e da beleza – em outras palavras, as consequências de nossas escolhas. Páris deu uma maçã dourada com a inscrição "Para a mais bela" a uma das três deusas mais poderosas do Olimpo: Hera, Afrodite e Atena. As três tentaram persuadi-lo com oportunidades infinitamente gloriosas. Em troca da maçã de ouro, Atena ofereceu a Páris a chefia de uma histórica e vitoriosa guerra. Já Hera ofereceu também a ele a glória de ser o rei absoluto de toda a Europa e Ásia. E Afrodite por sua vez, garantiu a ele o amor da mais bela mulher do mundo. Ignorando o poder e a habilidade prometidos por Hera e Atena, ele escolheu Afrodite, a deusa do amor. Em troca, ela o recompensou com o amor da mulher mais elogiada da época, a bela Helena de Esparta. No entanto, o resultado estava longe de ter um final feliz, pois provocou uma das guerras mais terríveis e cruéis da mitologia, a Guerra de Troia. Buscando a paixão, às vezes fazemos as escolhas erradas e ingenuamente pensamos que estamos sendo abençoados pelo amor; nossa cegueira em seguir esses desejos momentâneos, como no caso de Paris, transforma rapidamente nossos relacionamentos em discórdia e rompimento.

Existem muitos feitiços de amor que empregam o uso de maçãs, desde os mais simples, em que só as colocamos debaixo do travesseiro, para ver o parceiro prometido num sonho, até os mais complicados, que envolvem a interpretação da casca da maçã descascada.

Se você deseja um feitiço de amor, tome cuidado para não transformar a maçã dourada do amor no pomo da discórdia e provocar uma Guerra de Troia épica na sua vida pessoal. Em vez disso, é muito mais benéfico tentar dominar uma arte muito mais difícil: se conhecer melhor e fazer as escolhas certas.

Banho de maçãs para aumentar o desejo

Coloque cascas de maçã no sereno da madrugada, durante a Lua Crescente. Pela manhã, coloque as cascas numa panela com um litro de água fervente. Acrescente três paus de canela e meio gengibre, deixe ferver por dez minutos e desligue o fogo. Depois de esfriar, tome esse banho mágico para aumentar a energia sexual e infundir a sua vida com a energia do amor.

Feitiço com maçãs para encontrar um amor

Numa sexta-feira de Lua Cheia, espete uma maçã várias vezes com um garfo, até deixá-la toda furada. Em cada furo, espete um cravo-da-índia, dizendo à sua divindade favorita:

"Peço um amor em minha vida. Alguém que eu ame e que me ame também".

Depois de ter preenchido toda a maçã com cravos-da-índia, amarre-a com uma fita vermelha, formando uma cruz sobre a maçã e dando um laço. Deixe a maçã no seu quarto, pendurada num cabide ou na mesinha de cabeceira, mas certificando-se de que ninguém a toque, e enterre-a num vaso ou jardim depois de três dias.

– Extraído e adaptado de "Magic Apple:
The Fruit from the Tree of Life", de Justine Holubets,
Llewellyn's 2020 Magical Almanac.

O Poder do Silêncio na sua Vida

Há um rico componente da magia ao seu alcance o tempo todo. Ele rodeia você, o envolve, o impulsiona e o incentiva, quer você saiba da existência dele ou não. Eu quero ensinar você agora a encontrar essa fonte de magia. Ela é como uma teia de aranha pela manhã, molhada de orvalho. Você tem que estar no ângulo certo para vê-la. Você precisa saber que ela existe antes de procurá-la, brincar com ela, trabalhar com ela, amá-la, respeitá-la e cultivá-la. É algo que existe dentro e fora de você. Ela é maleável como massinha de modelar e contém o segredo de tudo. Como a Divindade, ela quer ser vista. Quer que você a perceba. Depois de reconhecê-la, ela sentirá você a sentindo. Ela responderá ao seu olhar e à sua atenção. Ela envolverá você com um êxtase maior do que o amante mais sensível. Esse recurso mágico, bonito e eloquente é o silêncio.

O despertar do silêncio

O silêncio pode parecer a coisa mais óbvia do mundo e nem parecer grande coisa, mas pare e pense por um instante. Pense no fato óbvio ainda que milagroso de que você abriu os olhos e acordou esta manhã. Pense em todas as grandes e aparentemente óbvias invenções ou suposições que pareciam inconcebíveis até que nós, seres humanos, as percebêssemos. Nem sempre soubemos que a Terra era redonda. A humanidade não nasceu com o controle do elemento fogo. E só descobrimos como usar a perspectiva para criar sublimes obras de arte no

Renascimento. Então, com a mente aberta, pegue a minha mão e vamos caminhar juntos em direção ao silêncio. As portas das possibilidades estão nos esperando, escancaradas.

O silêncio é o som do universo. O silêncio é a essência da matéria escura. O silêncio é o espaço da possibilidade infinita. O silêncio é a expansividade em que os quatro elementos, Terra, Ar, Fogo e Água, existem. O silêncio é o espaço entre as cartas de uma tiragem de tarô. O silêncio é o espaço em que entramos para observar e entender outro ser humano. O silêncio é um lugar em que o ego não pode existir porque, para incorporar verdadeiramente o silêncio, não pode haver ego. O silêncio é o espaço que você abre para as outras pessoas. O silêncio é onde você se torna o observador arguto e ativo de tudo ao seu redor.

A bruxa sabe que ela só toma posse do seu verdadeiro poder quando conhece seu mundo interior e controla a sua resposta a estímulos externos. O silêncio é, acima de tudo, o espaço entre o estímulo e a reação. O trabalho com o silêncio permite que a bruxa escolha sua resposta a toda e qualquer coisa que a vida lhe apresente, pois ela pode penetrar no silêncio que antecede seu momento da reação. Ela se torna o observador ativo de sua própria consciência e do mundo ao redor. O espaço em que ela escolhe sua resposta é o silêncio. Dentro desse espaço silencioso, sua consciência se expande e ela deixa de ser escrava da mente e de seus velhos padrões, reações e visões das circunstâncias externas.

Para lançar feitiços no espaço do silêncio, você precisa cultivar, cortejar e reconhecer o silêncio. Depois de fazer isso, é possível cultivar sementes de intenção mágica nos meandros do silêncio, da mesma maneira que você planta sementes num jardim. O universo se expande continuamente. Ele se torna maior e mais consciente de si mesmo a cada instante. O silêncio é exatamente o espaço onde você gera seus desejos, sonhos e paixões mais sinceras.

Cultive seu relacionamento com o silêncio

Seu relacionamento com o silêncio é única e exclusivamente seu. Sua pegada mágica, suas sensibilidades, sua empatia e seus dons são tão únicos quanto seu corpo, seu cheiro e seu beijo. Aproveite a oportunidade para comungar com o silêncio como se fizesse um pacto sagrado entre você e o universo (ou qualquer nome/palavra que você use para as coisas divinas da natureza). Não coloque noções preconcebidas na sua experiência. O relacionamento é pessoal e só seu. Não é para os olhos ou ouvidos de mais ninguém. Ninguém sente uma música como você. Ninguém sente um poema como você. Ele é a jornada interior que todos empreendemos. Nossa experiência do mundo acontece dentro de nós. É entre nós e o lugar de onde viemos. Temos sorte quando encontramos outros que compartilham a mesma ideia do que sentimos e sabemos, outros que sentem e reconhecem um impulso semelhante da alma. Sentimos uma afinidade imediata com essas pessoas, aqueles amigos que ficamos uma década sem ver, mas esses dez anos parecem cinco minutos depois que os encontramos novamente. Amigos, amantes, filhos, escritores, artistas podem despertar desejos adormecidos dentro de nós; eles podem abrir novas possibilidades, mas nós ainda temos que nos aventurar na quietude sozinhos.

Para cultivar seu relacionamento com o silêncio, tudo o que você precisa fazer é voltar sua atenção para ele. A coisa mais simples que você pode fazer é ouvir o silêncio dentro da sua respiração, entre a inspiração e a expiração. Coloque a língua suavemente atrás dos dentes para abrir a garganta. Sele os lábios e abaixe ligeiramente o queixo, mantendo as costas retas. Feche os olhos. Inspire, faça uma pausa e ouça o silêncio. Expire, faça uma pausa e ouça o silêncio. Faça isso dez vezes. Faça isso toda manhã e toda noite. Aumente cinco contagens por dia.

Dedique um espaço no seu diário para escrever sobre o silêncio. Anote seus pensamentos, sentimentos e observações sobre o silêncio. Você pode usar todo tempo que usa para executar ações com atenção concentrada, como pintura, artesanato, corrida e assim por diante, para observar a natureza do silêncio. Você pratica yoga? Encontre o silêncio dentro do seu corpo. Você dança ou toca algum instrumento? Ouça o espaço entre as notas. Você é contador? Veja o silêncio entre os números. Ele pode ser encontrado em qualquer lugar, depois que você começa a procurar por ele.

Cultive o seu relacionamento com o silêncio para transformar momentos de tédio numa aventura. Existem infinitas portas para o silêncio e espero que você as abra. Não importa onde você esteja, volte sua atenção para os sons ao seu redor. Como um cientista, separe cada som. Se estiver sentado numa área urbana, decifre cada som. Observe cada som: Você ouve um caminhão que passa, uma britadeira distante, o zumbido de um ar-condicionado, a música de um carro que passa, o som de risadas e de vozes no ar? Anote tudo o que pode ouvir. Então ouça o silêncio por trás de todos esses sons. Ele é como a tela atrás da pintura. Você está sentado num gramado? Você consegue ouvir os grilos? A brisa agitando as árvores? Um estalo distante de fogo? Corvos gritando? Você pode, depois de anotar e ouvir tudo, ouvir o silêncio por trás de tudo isso?

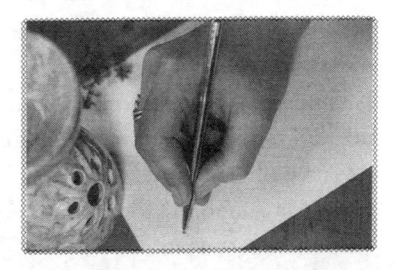

Cultivar seu relacionamento com o silêncio é um processo que leva algum tempo. Aproveite a jornada e não se apresse. Pense nisso como um novo relacionamento. Saboreie cada instante. Enquanto você explora o silêncio em lugares diferentes, comece a pensar amplamente nas sementes que gostaria de plantar dentro dele. Pense nisso como cultivar um jardim. Assim como pode plantar verduras tenras na primavera, girassóis no verão e a beterraba escarlate no outono, você pode cultivar o silêncio o ano todo e plantar sementes dentro dele. O cultivo do silêncio também é uma oportunidade para lançar feitiços com implicações de longo alcance.

Existe a possibilidade de que as qualidades que você deseja na sua vida já estejam dentro de você em hibernação. Provavelmente há temas comuns entre os diferentes setores da sua vida – amor, carreira, família, criatividade e assim por diante. Você pode desejar um único objeto específico. Você pode experimentar uma vida mais profunda e significativa. Não importa o que seja importante para você, dedique parte de seu diário às qualidades que você gostaria de atrair e aprimorar na sua vida. Foque nas generalidades e não nas especificidades. O universo sempre será mais criativo e emocionante ao atender os desejos da sua alma do que você poderia imaginar. Não importa o quanto sua imaginação seja fértil e maravilhosa. Lembre-se disso ao lançar seus feitiços e tecer encantamentos. Abra mão do controle. Deixe o princípio criativo do universo fazer a parte dele. O universo nos dá exatamente o que precisamos em todos os momentos. Nem sempre sabemos o que é melhor para nós, mesmo quando queremos alguma coisa mais do que qualquer outra no mundo. Confie na sabedoria do que está diante de você.

Ritual do cultivo do silêncio

Você vai precisar de:
- ✓ 1 vela branca
- ✓ Lavanda desidratada
- ✓ A carta de tarô da Estrela
- ✓ Pétalas de flores secas ou pedaços de casca de árvore secas
- ✓ 1 caneta

Depois de estabelecer um relacionamento com o silêncio e de ter considerado exatamente o que você gostaria de "cultivar", é hora de começar a trabalhar. Planeje uma manhã, tarde ou noite em que possa ficar sozinho e depois caminhar em meio à natureza. A hora do dia depende da sua preferência pessoal. Você pode ir a algum lugar que já conhece ou explorar uma nova trilha, parque ou montanha. Você também pode ficar sozinho no seu quintal. Encontre um lugar que seja amplo e bonito.

Antes da sua caminhada, abra os quatro quadrantes, defume seu espaço sagrado com lavanda seca e acenda uma vela branca. (Se possível, realize todo o ritual ao ar livre.) Coloque a carta do tarô embaixo da vela acesa e deixe que a sua consciência permaneça nesse arquétipo. A carta da Estrela é o silêncio após a tempestade. Ela reflete o silêncio e o espaço cristalino, claro, inspirado. Sinta-se tornando-se a figura da carta. Sinta o fluxo entre as águas e a terra, as emoções e o mundo material. Imagine sua energia conectada ao solo abaixo de você e às estrelas, acima. Aventure-se ainda mais dentro da carta e sinta a energia da estrela iluminando e preenchendo você. Você é pura energia. Aproprie-se da energia da estrela. Sinta-a. Deleite-se com ela.

Permanecendo com a luminosidade da Estrela, escreva suas intenções, desejos ou ideias seminais nas pétalas das flores secas ou nas cascas de árvore secas. Depois de fazer isso, leia cada intenção em voz alta. Feche seu espaço sagrado e pegue as pétalas ou cascas de árvore e leve para o ar livre com você. Comece a caminhar em silêncio. Observe o silêncio como você fez nas semanas anteriores. Ouça-o através de todos os sons ao seu redor. Você saberá instintivamente quando encontrar o silêncio. Saberá quando ele estiver lá. Quando encontrá-lo, leia em voz alta cada intenção e depois vá soltando as pétalas ao vento ou atirando as cascas na natureza selvagem.

Permaneça nesse silêncio pelo tempo que quiser. Quando tiver terminado, agradeça aos espíritos da natureza, ao universo e ao silêncio. Sobretudo, reverencie e agradeça à generosidade da força de luz que criou você.

Seu ritual está completo.

– Extraído e adaptado de "Seeding the Silence", de Sasha Graham, *Llewellyn's 2020 Magical Almanac*.

Magia e Autoconhecimento

Você pode ter lido por aí que a magia é um caminho de despertar e bem-aventurança, que leva seus iniciados à iluminação e à ascensão espiritual, tornando-os aptos a realizar feitiços e rituais, com o auxílio de Forças Primordiais, e obter resultados fantásticos. Você também pode ter lido que os oráculos são capazes de prever eventos da sua vida, revelar amores, caminhos, injustiças e inimigos, desemaranhando nosso destino e nos colocando em posições de vantagem para obter o que queremos do futuro.

Mas, antes conseguir qualquer uma dessas coisas existe algo muito mais fundamental, que o levará a dar grandes passos tanto no seu autodesenvolvimento espiritual quanto na sua prática mágica: o autoconhecimento. Se você morresse agora e o guardião dos portais da morte lhe perguntasse quem você era manifestado na Terra, você saberia descrever com exatidão todas as suas qualidades e deficiências como ser humano? Mais ainda, saberia dizer quais das suas deficiências você conseguiu lapidar ou, ao menos, *tentou* dilapidar ao longo da sua jornada na Terra, para se tornar uma pessoa melhor?

Sem se conhecer fica quase impossível responder a essa pergunta. E para se conhecer e ser cada dia melhor é preciso disciplina. É ela que vai trazer a mudança de que você tanto precisa para abrir mão das características da sua personalidade que não lhe servem mais e desenvolver outras mais condizentes com o conhecimento que você já adquiriu ao longo da sua prática de magia. Os gregos já sabiam disso na Antiguidade, por isso consideravam a excelência uma das virtudes cruciais para o cidadão exemplar, ao lado da coragem, da moderação e da justiça.

Não há um único mago, uma *única* sacerdotisa, que não tenha chegado onde chegou sem fazer da disciplina uma prática diária. Ao contrário do que se pensa, a disciplina não nasce com você, ela é um hábito, um esforço, é a decisão de voltar o seu mental para um objetivo e buscá-lo até o fim, sacrificando traços da sua personalidade para conseguir chegar onde quer. A disciplina é a transformação do eu para compor um novo ser.

Nunca é fácil desenvolver a disciplina, mas é gratificante olhar para trás e ver o quanto você conseguiu mudar em si mesmo através dela. A disciplina busca a excelência. Na magia não pode ser diferente, pois, uma vez que você se dispõe a seguir um caminho, deve trilhá-lo da melhor maneira possível. Sem disciplina, torna-se impossível concretizar o que você almeja, tanto no físico, quanto no mental ou no astral.

Mas como manter a disciplina, a ponto de efetuar a mudança? Primeiro, o seu desejo de mudança deve ser real. Comece com metas que você sabe que pode cumprir; metas pequenas, mas que alteram levemente a sua rotina e o façam avançar rumo ao que você quer. Acorde cinco minutos mais cedo, fique dez minutos a menos na internet todos os dias, leia UMA página de livro por dia ou até por semana e vá, gradualmente, alterando esses números em frações.

Às vezes almejamos mudanças grandiosas e radicais na nossa vida, esquecendo-nos de que pequenos passos é que nos levam a cruzar longas distâncias. É a constância desses passos que faz toda a diferença. Afinal, se você ler uma página ao dia, terá lido cerca de três livros num ano!

Vamos começar?

Ritual da Permanência

O Ritual da Permanência é um antigo ritual de fixação de símbolos mágicos em seu ambiente de trabalho místico. Com ele, você disciplina a sua mente através da repetição e da vontade, tornando-o um hábito e, por consequência, cristaliza no local o símbolo que o ajudará na sua prática de magia.

> **Você vai precisar de:**
> ✓ Uma vela
> ✓ Um cronômetro

Um símbolo pessoal, que pode ser desenhado por você, como um sigilo, ou um símbolo com o qual você tenha afinidade, como o pentagrama.

Escolha um horário de paz, um momento só seu, em que sabe que não será interrompido, e providencie uma superfície nesse ambiente de trabalho, como uma parede, um espelho ou a sua mesa de trabalho. Acenda a vela e se concentre em sua chama o máximo que puder, enquanto repete o mantra "Fogo, fogo, fogo". O objetivo é esvaziar a mente, até que haja apenas o fogo dentro dela e da sua visão.

Não apague a vela, apenas mude o foco para a superfície onde quer implantar seu símbolo. Continue essa meditação, desenhando mentalmente o símbolo na superfície durante dez minutos. Repita o exercício todos os dias, até a vela se extinguir.

– Oghan Anon, despertado na
magia pelo templo Contatos Encantados

Ritual para a Cura Interior

Depois de sofrer de bronquite desde a infância por causa da poluição da minha cidade e passar a maior parte do tempo no meu quarto minúsculo, na casa dos meus pais, cuja janela dava para a enorme parede acinzentada de uma fábrica, não era de admirar que eu estivesse ansiosa para começar minha próxima aventura. A chance de ir para a Itália foi um presente da deusa do Destino. Eu estava louca para respirar o ar limpo e cristalino dos campos da região; ver as vastas florestas da propriedade em que ficaria hospedada; trilhar o intrincado labirinto de caminhos em meio aos bosques; sentir o ardente sol italiano e a incrível mistura de florestas, colinas e campos floridos. Fui convidada para um programa de intercâmbio internacional e adorei saber onde ficaria instalada: um casarão com quartos espaçosos, amplos corredores e numerosos afrescos com imagens idílicas da vida no século XVII.

A Villa Buri é um edifício antigo e romântico perdido entre os bosques e as colinas do norte da Itália. Possui um incrível charme, que fascina a imaginação e desperta a magia esquecida dos tempos medievais. O prédio de dois andares, num estilo clássico simples e elegante, com torres e janelas em arco, ficava no coração de um esplêndido e magnífico parque. Atualmente, os quartos e dependências da Villa hospedam muitas pessoas. Ao longo da estrada que margeia o parque, em vez de mulheres lindas e ociosas, em vestidos longos e luxuosos, o que se vê são mães de bicicleta, levando seus filhos para a escola que agora se localiza ali. Em vez da música de violino de Vivaldi ecoando pelas janelas, a música pop ressoa de um pequeno restaurante. Em vez de sons de cascos de cavalos, o que se ouve é o barulho do cascalho sob os pneus dos carros e as botas dos estudantes. Gerentes, professores, construtores, cozinheiros e faxineiros se apressam para desempenhar suas funções cotidianas; para eles, a Villa é trabalho. Durante três longos meses, me tornei uma dessas pessoas que pisava no cascalho das trilhas do parque; como voluntária num projeto ecológico, participei de muitas atividades de jardinagem e trabalhos de construção simples. No entanto, para mim, a Villa era um local de iniciação e culto, onde a natureza poderia libertar meu espírito e harmonizar meus batimentos cardíacos com seus ritmos.

Ouvindo as vozes da natureza

Todo mundo que lida com a terra ou com o trabalho de construção pode tentar criar suas próprias técnicas de cura. Eu mesma criei as minhas. Enquanto varria as folhas secas das trilhas, eu também varria da minha vida todas as dúvidas, problemas e falta de autoconfiança, que bloqueavam minha liberdade. Enquanto queimava as pilhas de galhos secos, eu queimava as minhas ilusões e pesadelos, preconceitos e objetivos obsoletos. Enquanto libertava das árvores os tenazes das heras, eu me livrava também dos medos que paralisavam meu livre-arbítrio. Apertava o alicate com tanta força que calos apareceram nas palmas das minhas mãos, e eu me perguntava como aquela hera fina e macia podia ser tão persistente. Enquanto tirava do caminho as grandes pedras que obstruíam as trilhas do parque, fiquei surpresa ao perceber a semelhança entre elas e o meu orgulho e vaidade. Pesados e monolíticos, esses sentimentos estavam bloqueando minha caminhada ao longo das trilhas da vida, e, para poder seguir adiante, eu tinha que me curvar e tirar do caminho esses sentimentos ou continuar constantemente tropeçando neles, até que ficasse impossível avançar.

Eu comecei a entender que sou como a árvore, o rio, o parque – eu sou "eles", eu sou a natureza. Meu corpo podia estar sofrendo com a doença, o excesso de peso e a acne, assim como as árvores cobertas por fios de hera, finos e tenazes. Meu coração estava batendo com força, tomado de emoção, assim como o rio transportava suas águas desde a fonte até a foz. Minha mente era o solo perfeito para sementes de sabedoria ou de ignorância, assim como a mesma terra dava vida às flores ou à erva daninha.

Na época da colheita, lembro-me de que um estranho pensamento me ocorreu: o que é uma doce e muito esperada recompensa para as pessoas é a morte para a natureza. A fruta é cortada e tirada do lugar em que nasceu e foi nutrida por tanto tempo. Ela morre para dar vida; compartilha o que acumulou de luz e calor e seus próprios sumos sem esperar recompensa. É um exemplo do ato sagrado de se doar, que sempre esteve diante dos nossos olhos desde o começo do mundo. Não é nossa missão dar e sacrificar nossas vitórias, conquistas e trabalhos para alguém que está cuidando de nós – a vida, um deus ou a natureza?

Uma vez ouvi uma pérola de sabedoria sufi que dizia: "se mate primeiro" para depois obter qualquer conhecimento. Não me pareceu uma ideia ridícula, mas sim uma verdade que fazia todo sentido no meu coração. Como uma nova fruta poderia nascer se a anterior não abrisse caminho para ela? Como meus sonhos se tornariam realidade se eu não lhes desse espaço para nascer? A natureza sempre se recria, nunca para de se renovar e se transformar, suprindo assim o eterno processo de criação e recriação com a necessária fase intermediária – a morte. Nos seus processos ordenados e entrelaçados de nascimento, vida e morte está sua eterna juventude; o fato de envolver até a menor das criaturas nesse processo tão global é sua majestade. É por isso que nós somos tão pequenos quanto as folhas de uma árvore e tão grandes quanto os mais antigos carvalhos. Fundindo-se com ela, transformando-se nela e submetendo-se às suas leis, nós comungamos com a eterna harmonia da criação. O que era novo para mim era a descoberta do valor prático de todas essas verdades conhecidas. Eu as sentia como algo que poderia ser aplicado à minha mente, ao meu corpo e à minha alma.

O som da tempestade

Depois de examinar minha própria conexão com a natureza, essa revelação inspirou meu desejo de aproveitar o poder da natureza para desencadear a minha própria mudança interior. Meus principais objetivos eram tratar fobias e estresses profundos, para me livrar do medo ou da dependência, purificar minha mente de uma mentalidade de derrota e esclarecer minha trajetória na vida, estabelecendo metas. Outro objetivo secundário era perder peso e tornar esse processo rápido e eficaz.

O ritual não diminuiu meu peso da noite para o dia, mas definitivamente ajudou a tirar minha preguiça e me permitiu alterar minha alimentação e rotina diária para sempre. A noite de Halloween e Samhain estava se aproximando, a noite mais misteriosa, assustadora e escura de todas. Eu sentia que ela era extremamente importante para eu empreender ações especiais e completar minha iniciação espiritual.

Villa Buri ficava agitada ao longo do dia até o pôr do sol, mas, quando todas as pessoas saíam e os portões eram fechados, parecia que os espíritos do passado retornavam – a Villa ficava cercada de sílfides e dríades, que dançavam seus passos etéreos e incorpóreos.

Os últimos raios do sol de outono que se emaranhavam na folhagem espessa das árvores logo desapareceram e a luz perdeu seu poder. A escuridão parecia mais profunda devido às fortes nuvens de chuva, que cobriam o céu. O vento estava uivando por toda parte da floresta escura e parecia que os espíritos começavam suas canções sinistras. Os relâmpagos cortavam o céu noturno e os galhos se agitavam e rangiam como o convés de um velho navio pirata. A chuva forte amortecia outros sons, mas senti vozes ao meu redor: a música da tempestade e a canção antiga da água, do fogo e das folhas.

Ritual de transformação da terra

Realize este ritual quando sentir necessidade de uma transformação e uma profunda mudança interior. É essencial sentir uma afinidade com o clima e com os seus arredores. Nuvens de chuva, vento ou quaisquer outras revelações da natureza podem ajudá-lo a se sintonizar com o espírito turbulento e poderoso do ritual. Tempestades, por ser uma combinação de fogo e água, paixão e cura, são as condições perfeitas. Quanto à melhor ocasião, é melhor planejar durante a Lua Minguante, na segunda metade do ciclo lunar. Os ritmos lunares ajudam a sintonizar os ritmos da natureza. Os melhores dias são dois dias antes e dois dias depois da Lua Nova. Esses são os chamados "dias de Hécate", a deusa da encruzilhada e do Mundo Subterrâneo, que tradicionalmente caça com seus cães e causa não apenas medo, mas liberação, liberdade e sabedoria. De fato, esses dias mais sombrios do mês podem ser chamados de "pequeno Halloween". Durante períodos sombrios, nós ficamos mais sensíveis e intuitivos e podemos ver claramente nosso próprio subconsciente.

Deuses rigorosos e severos funcionam especialmente bem neste caso. O tarô oferece uma ampla gama de imagens que ajudam a mobilizar seu poder e determinação, pois eles são muito necessários!

> **Você precisará de:**
> ✓ Velas para representar o elemento Fogo. Experimente a vela azul escura ou a violeta, para a transformação.
> ✓ Aromas que representem o elemento Ar. Eu recomendo artemísia ou alecrim, para purificar o espaço ao redor.
> ✓ Pedras para o elemento Terra ou uma tigela de água para atrair o espírito de cura e melhorar a condutividade das energias.
> ✓ Uma imagem de sua divindade para centralizar seu pedido.

Experimente a carta da Justiça, do Eremita, da Temperança ou da Sacerdotisa, que exortam a recusa do prazer imediato em favor de uma meta mais elevada.

Escolha a imagem da sua divindade e acenda a vela. Se ela for sem perfume, adicione aroma ao seu ritual com o incenso de alecrim ou artemísia. Ore e converse com a sua divindade, expressando toda a frustração, dor, dúvidas, medos, decepções e desilusões. Mas lembre-se: a verdadeira magia não exige muitas coisas. Os principais componentes são a concentração e a imaginação. Depois repita o seguinte encantamento:

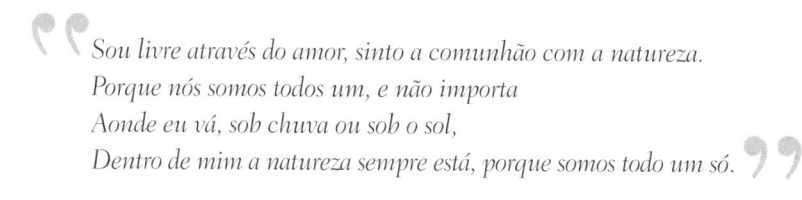

> Sou livre através do amor, sinto a comunhão com a natureza.
> Porque nós somos todos um, e não importa
> Aonde eu vá, sob chuva ou sob o sol,
> Dentro de mim a natureza sempre está, porque somos todo um só.

Desfrute da mais completa solidão e tire a máscara do contentamento e da felicidade, liberando toda a sua tensão. Eu recomendo que use um baralho de tarô também, para tirar uma carta depois, que traga esclarecimentos sobre o caminho a seguir.

O passo seguinte, que será numa ação simbólica, muda de pessoa para pessoa. A ocasião não importa. Quando você achar que é certo fazer essa segunda parte do ritual, faça-a – este ritual é sobre recuperar seu poder de ação e se transformar. Sua ação simbólica deve refletir ou modelar a solução do seu problema. No meu caso, eu estava fazendo panquecas naquela noite e destruí algumas como uma representação do meu peso e dos meus medos. Eu as levei até o meu local secreto no rio da propriedade, e ali, extravasando toda a minha raiva e frustração, despedacei-as e atirei-as no rio.

Usando objetos simbólicos e uma ação simbólica, você pode extravasar suas emoções e sentir a uma alegria vitoriosa no final. Sinta seu ritual e observe sua realidade depois: veja, ouça e sinta, e tenho certeza de que você perceberá mudanças.

Minha Transformação

Quando acordei na manhã seguinte, eu me sentia cansada e meu corpo estava dolorido. Naquele dia e depois, foi mais fácil evitar comer demais e me dedicar ao treino de musculação. O ritual me devolveu meu poder interior, que por sua vez alterou minha realidade prática de uma maneira muito interessante. Antes de mais nada, eu consegui perder peso com mais facilidade e, com o tempo, ganhei um corpo mais bonito e saudável. Inesperadamente, recebi um convite para um projeto em Marrocos e resolvi com facilidade e rapidez problemas com a embaixada. Em situações críticas, eu senti um forte apoio espiritual e uma ajuda prática de amigos e estranhos.

A natureza e meu ritual de Samhain me ensinaram uma lição: as coisas chegam no momento certo, e está além do poder humano controlar quando isso vai acontecer. Não podemos nos apegar a pessoas, posses e eventos. Podemos apenas conhecê-los, ficar com eles e, com gratidão, deixá-los ir quando chegar a hora.

– Extraído e adaptado de
"A Ritual for Inner Healing", de Justine Holubets,
Llewellyn's 2018 Magical Almanac.

Autocura para Tempos Difíceis

Todo mundo passa por dificuldades em algum momento da vida e os bruxos e praticantes de magia não são nenhuma exceção. Fazemos o possível para manter nossa energia positiva – vamos trabalhar, pagar as contas e tentar ver o lado bom de todos os desafios –, mas às vezes o universo tem outros planos e as coisas não se desenrolam da maneira que esperávamos. Tempos difíceis podem acontecer com qualquer um. Não é nada pessoal; é apenas a vida. Afinal estamos num planeta-escola...

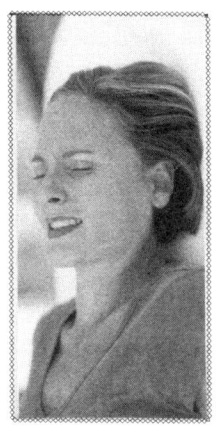

Como praticantes de magia, temos alguns recursos extras para administrar os desafios da vida à medida que se desenrolam, mas por causa do trabalho espiritual que realizamos, também podemos nos sentir mais vulneráveis quando as coisas dão errado. As técnicas para cuidar de si mesmo por meio da magia podem deixá-lo mais apto a enfrentar os grandes desafios, como uma crise financeira, um divórcio ou problemas de saúde.

Às vezes os contratempos nos pegam de surpresa. O modo como lidamos com eles pode afetar o resultado. É uma resposta instintiva exagerarmos ou nos desligarmos da realidade devido ao pânico, mas usando conscientemente técnicas como a meditação, a cura com cristais, a aromaterapia e o apoio de entes queridos e escudos que nos protegem da negatividade, podemos recuperar nosso poder pessoal e navegar pelas águas da vida, às vezes turbulentas.

Sempre fui especialista em fazer o melhor com os limões que a vida me dá? De maneira nenhuma. Mas já passei por muitas dificuldades e aprendi muitas coisas ao longo dos anos que gostaria de compartilhar. Já tive algumas mortes na família. Passei por um divórcio horroroso e a prisão do meu ex-marido, além de dramas familiares, um braço quebrado e um câncer no colo do útero que me obrigou a passar por duas cirurgias um pouco antes de escrever este artigo. Eu sei um pouco sobre os benefícios da magia de autocura em tempos difíceis e, por acaso, aprendi que coisas muito ruins podem acontecer se você optar por ignorar o cuidado de si mesmo. Pode acreditar, a primeira regra é esta: se você não cuidar de si mesmo, não poderá cuidar de mais ninguém!

Nenhum desses métodos vai resolver todos os seus problemas. Ou seja, se você precisa de um advogado, médico, consultor financeiro ou terapeuta profissional, use o bom senso e procure a ajuda desse profissional. Depois disso, você pode lançar mão da magia para elevar o seu astral e ajudá-lo a superar seus desafios com mais sucesso.

Quando sua vida vira de ponta-cabeça, é hora de acordar e usar todos os seus talentos para a magia:

Meditação ao alcance de todos

Ok, eu sei que algumas pessoas dizem que simplesmente não conseguem meditar. De fato pode ser mais difícil acalmar a mente quando você está cheio de preocupações, mas esse é o momento em que você mais precisa. A meditação pode realmente ajudar sua mente a se elevar acima da resposta de luta ou fuga, que faz parte da nossa biologia. Se você começar a se sentir em pânico, não se culpe – está tudo bem. Essa reação automática e a rápida liberação de adrenalina ajudaram nossos ancestrais a sobreviver quando um tigre-dentes-de-sabre os perseguia. Infelizmente, essa resposta não nos ajuda em nada hoje, quando estamos diante de um juiz, ou no consultório médico ou sendo pressionados pelo nosso chefe. Não podemos fugir dessas situações e socar alguém poderia nos causar ainda mais problemas. Em vez disso, nós internalizamos essa energia e o que pode resultar é pânico ou ansiedade. A meditação pode nos levar de volta para onde precisamos estar física e mentalmente, para que possamos lidar com a situação da maneira apropriada.

Se você gosta de meditar, mas acha que não é bom nisso ou não consegue no momento porque está com problemas relacionados ao estresse, procure um aplicativo de meditação ou vídeos de meditação orientada na internet. Um amigo meu sugeriu um aplicativo para celular chamado Mediotopia. Você pode escolher meditações guiadas, música e muito mais, e pode escolher também por quanto tempo quer meditar. Até mesmo uma meditação de cinco minutos pode ser útil. Eu encontrei uma para literalmente me tirar de um ataque de pânico e funcionou rapidamente. Encontrei até uma meditação para alinhar os chakras com o auxílio das tigelas cantantes do Budismo e a usei enquanto estava me preparando para as minhas cirurgias. É claro que também existem outros aplicativos, esse não é o único. Encontre o que você mais gosta e use. Você não precisa ser um especialista para fazer uma meditação orientada quando está sob pressão. Nesses momentos, é muito bom ter uma voz para falar com você e conduzi-lo para um estado de mais tranquilidade.

Nutra-se

Não sei você, mas, quando estou estressada, quero comer bolo. Eu sei que você imaginou uma fatia de bolo... mas eu quis dizer um bolo inteiro! A comida pode realmente ajudar seu corpo e elevar os seus níveis de energia se você fizer boas escolhas em suas refeições e lanches, mas isso pode ser um desafio em tempos de estresse, quando você só quer saber de açúcar e carboidratos. Minha sugestão é a seguinte: se você quer um bolo, coma o bolo, mas aproveite para transformar isso num ritual e saboreie-o para obter todo o conforto de que precisa. Depois disso, faça algumas escolhas mais saudáveis. Claro, isso vale para o sorvete, o chocolate, os salgadinhos ou qualquer outra coisa que alimente seu vício por comida. E faça isso sem culpa.

O outro lado dessa moeda são as pessoas que não conseguem comer quando estão estressadas. Quando a vida está virando você do avesso, porém, é importante que você procure comer regularmente, mesmo que sejam porções pequenas, pois você precisa nutrir seu corpo para aumentar sua energia. Pode ser fácil pular refeições quando você tem uma grande crise para gerenciar. Procure identificar as coisas de que seu corpo precisa, em vez de morrer de fome ou digerir suas emoções. Fazer escolhas conscientes pode realmente ajudar a elevar sua energia. Proteínas com baixo teor de gordura e produtos frescos podem alimentar sua energia em vez de esgotá-la, como faz a *junk food*. Como praticantes de magia, nós precisamos reverenciar nosso corpo como um templo sagrado, e isso significa alimentá-lo com o combustível que pode nos elevar e manter nossa energia circulando suavemente.

Outra coisa que você pode fazer para manter seus níveis de energia é beber muita água. A água ajuda a liberar não apenas toxinas físicas, mas também toxinas emocionais do seu sistema energético. A melhor maneira que eu encontrei para ter certeza de que estou hidratada é levar sempre na bolsa uma garrafinha de água. Assim eu sei quanta água estou bebendo. Você pode desenhar símbolos mágicos para a saúde, bênçãos ou proteção no fundo da sua garrafa de água e se abastecer a cada gole de magia. Se a sua garrafa tiver um pequeno clipe na parte superior, você pode pendurar um talismã nela. O meu é um saquinho com lascas de pedras. Pedras para incentivar hábitos saudáveis e a cura, como a ametista, a ágata, o quartzo rosa, a apatita e a turquesa.

Grite, chore e desabafe

A dor causada por tempos difíceis pode ficar dentro de você e corroer o seu bem-estar. Há situações em que você precisa esconder seus sentimentos, se armar com toda sua determinação e seguir em frente, mas isso pode ser um problema se você tenta agir assim o tempo todo.

Um forte escudo psíquico para manter influências negativas fora do seu campo energético também pode eliminar qualquer negatividade colada a você, caso não esteja se limpando regularmente. Eu sei disso porque usei esse recurso por anos, durante e depois do meu casamento. Eu achava que precisava me manter forte por causa dos meus filhos e só fingia o tempo todo. Se seu mantra é "Está tudo bem", mesmo quando tudo ao seu redor está desmoronando, você pode querer repensar isso. Você pode defumar sua casa todo dia, mas, se mantiver emoções negativas corroendo você por dentro, não conseguirá se livrar da energia negativa exterior nem aumentar sua força pessoal.

Se você tem um amigo de confiança com quem pode desabafar, isso pode ser útil. Mas avise-o com antecedência: "Cara, eu realmente preciso desabafar. Estou com muitos problemas atualmente e preciso conversar um pouco". Certifique-se de que ele entenda que você não está em busca de soluções, só precisa de ajuda para liberar algumas emoções negativas e extravasar. Quando terminar, tomem uma xícara de chá juntos, acenda um incenso de limpeza e purifique o ambiente. Se você não tem alguém com quem se sinta à vontade para compartilhar suas preocupações, pense na possibilidade de procurar um terapeuta. Eu realmente superei o estigma associado à terapia – como sociedade, precisamos superar isso. Nós não nos envergonhamos de procurar um médico por causa de uma sinusite ou um osso quebrado, então por que não procurar ajuda quando estamos precisando de mais saúde mental? O que mais você pode fazer para liberar emoções difíceis? Chorar no chuveiro pode ser muito catártico. Se você está tendo problemas para liberar o choro, tente assistir a um filme comovente, para romper o bloqueio, e se solte. O filme *Milagre na Cela 7* é uma boa escolha. Lágrimas são muito purificadoras.

Encontre um lugar reservado onde possa gritar. Gritar para liberar toda raiva que sente pelo fato de estar passando por essa situação, por sentir que não é justo, por estar cansado de não ter um momento de descanso ou por achar que não merece nada disso. Coloque tudo para fora. Depois de terminar de liberar emoções, tome um banho de sal grosso do pescoço para baixo e chame seus guias espirituais e divindades da sua escolha para ajudá-lo a liberar qualquer negatividade persistente na sua aura. Depois de liberar suas emoções e energias pesadas, agradeça aos seus amigos espirituais e divindades protetoras. Você se sentirá aliviado e capaz de enfrentar as dificuldades pelas quais está passando.

Não importa como você decida extravasar as emoções difíceis, não deixe de fazer isso. Ignorar o que está dentro de você e reprimir isso pode causar microagressões constantes, que são como pequenos buracos na sua aura, por onde haverá escape de energia.

Descubra onde está a sua felicidade

Quando temos grandes desafios na vida, muitas vezes entramos no modo de sobrevivência e parece que só conseguimos fazer o mínimo no nosso dia a dia. Dizemos a nós mesmos: "Depois que passar essa fase ruim, talvez eu possa ser feliz novamente". Eu sei que essa é a sensação que temos, mas encontrar pequenos motivos de felicidade todos os dias pode tirá-lo do modo de sobrevivência e tornar os momentos difíceis mais fáceis de administrar. Faça uma pausa de dez minutos e caminhe num parque e, em vez de pensar nos problemas, peça ao seu poder superior que lhe mostre a beleza do mundo à sua volta. Fique atento aos pequenos tesouros que surgirem no seu caminho – uma pena no chão, uma pedra brilhante no caminho, um pássaro azul cantando nas árvores.

A música é outra maneira de elevar o espírito. Eu gosto de ouvir música quando estou cozinhando. Acho que isso coloca magia e amor na refeição e realmente melhora o meu astral. Nas suas horas livres, assista a uma comédia, algo que o faça rir alto. Rir é muito saudável: libera endorfinas, reduz os níveis de hormônios do estresse e até fortalece o seu sistema imunológico. Costumo escolher uma série de comédia e assisto a um episódio todos os dias, enquanto tomo meu café da manhã. Aqui está uma ideia mágica: escolha um cristal de citrino e segure-o toda vez que assistir a uma comédia, para carregar o cristal com a sua risada! Leve a pedra com você quando precisar manter seu coração mais leve ou rir diante das adversidades. Você vai ter um cristal carregado com energia de alegria e bom humor.

Se eu estou num estado emocional sombrio, em vez de reclamar sobre isso nas mídias sociais, gosto de postar algo positivo em minhas contas, o tipo de coisa que eu diria a alguém em meu lugar para ajudar essa pessoa. Essa é uma prática que opera maravilhas, porque primeiro estou enviando algo positivo para o mundo, e deixando outras pessoas felizes também. Elas reagem e comentam, e essa interação aumenta a energia positiva que estou irradiando. Muitas vezes, as pessoas me dizem que precisavam ouvir a mensagem também, e isso faz com que eu me sinta melhor também, pois ajudei outra pessoa. Isso é mágico!

Óleos, incenso e ervas aromáticas são poderosos ingredientes mágicos, e há muitas maneiras de usá-los. Uma das minhas opções favoritas é criar um spray simples selecionando um óleo da minha escolha e adicionando algumas gotas dele a um frasco de spray cheio de água. Se precisa de alegria e bênçãos, tente óleo de olíbano, bergamota, alecrim, lavanda, laranja ou angélica. Eu adiciono um pouco de vodca para prolongar a vida do spray mágico. Certifique-se de agitar antes de usar. Pulverize a casa e seu carro – sempre que precisar de um pouco de magia. Outra ótima maneira de usar óleos mágicos é ungir velas com óleos específicos para as suas necessidades e carregá-las com suas intenções. Se você precisar se desestressar depois de um dia corrido no trabalho ou em casa, experimente um difusor de óleo. Essa é uma maneira muito fácil de borrifar felicidade no ar, enquanto pratica magia.

Foi assim que consegui encontrar maneiras de trabalhar minha mágica mesmo no meio de uma crise. Você também pode fazer isso. Use o bom senso para cuidar de si mesmo e potencialize ainda mais esses cuidados com a magia. Você pode enfrentar qualquer coisa que a vida colocar no seu caminho, se dedicar um tempo para se valorizar e "encantar" a sua vida. Você vale a pena!

– Extraído e adaptado de
"Magical Self-Care for Hard Times",
de Mickie Mueller,
Llewellyn's 2020 Magical Almanac.

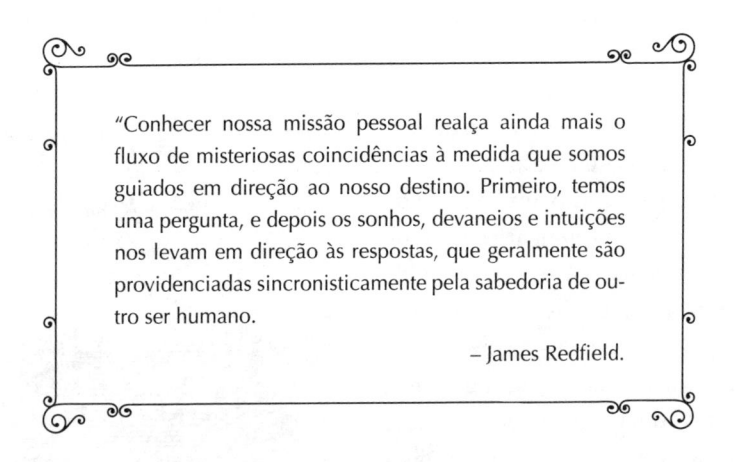

"Conhecer nossa missão pessoal realça ainda mais o fluxo de misteriosas coincidências à medida que somos guiados em direção ao nosso destino. Primeiro, temos uma pergunta, e depois os sonhos, devaneios e intuições nos levam em direção às respostas, que geralmente são providenciadas sincronisticamente pela sabedoria de outro ser humano.

– James Redfield.

A Magia da Fênix

A fênix nos traz a energia do renascimento e da renovação. Incluímos neste artigo uma imagem dessa criatura para você pintar e um feitiço para utilizar seus desafios do passado como combustível para despertar sua renovação.

A lenda da Fênix

A fênix é uma criatura espiritual, o pássaro da transformação e da regeneração, reverenciado em muitas culturas, incluindo as da Grécia, Egito, Fenícia e China. Segundo a lenda, quando a fênix envelhece, ela explode em chamas e renasce das cinzas, a partir do seu antigo eu. Nas histórias gregas, ela vive quinhentos anos e se alimenta de gotas de olíbano. Segundo a tradição chinesa, a aparição de uma fênix é um presságio do início de uma nova era de liderança, que traz as virtudes da bondade, da sabedoria, da gentileza, do senso de dever e da confiabilidade.

Existem muitas descrições dos tons da fênix, que variam de dourado e vermelho-sangue a azul-pavão, roxo e verde, portanto as cores que você escolher para representá-la ficam ao seu critério.

> **Correspondências da fênix**
> *Elementos:* Fogo, Ar
> *Signo:* Aquário
> *Corpos Celestes:* Sol, Marte
> *Propriedades mágicas:* Renascimento, renovação, resiliência, cura, força, proteção
> *Divindades:* Osíris, Apolo, Ra
> *Ervas:* Olíbano, mirra, palma, salgueiro, canela, cardamomo

Feitiço da Fênix para a Renovação

É preferível lançar este feitiço numa Lua Nova.

> **Você precisará de:**
> - Ilustração da fênix em preto e branco
> - Lápis de cor ou canetinhas coloridas
> - 1 vela branca de sete dias
> - Várias varetas de incenso de olíbano ou outro de sua escolha

Comece a colorir o desenho da fênix pelas chamas, na parte inferior. Enquanto faz isso, concentre-se nas coisas que você deseja eliminar da sua vida. Essas coisas serão banidas por meio da chama e vão se tornar o combustível para a sua renovação. Quando já tiver pintado as chamas, passe para a fênix em si. Agora mude seu foco para seus objetivos. Visualize-se renovado e cheio de energia enquanto colore a imagem. Depois que seu desenho mágico estiver concluído, fixe-o num local onde poderá vê-lo durante sete dias.

Diante da imagem, acenda a vela e repita este encantamento para ativar seu poder de recomeçar:

Agora me liberto da dor e da escuridão,
Acendendo dentro de mim a chama da renovação.
Meu espírito se eleva da chama deste fogo.
Renovado e pronto para começar de novo.

Deixe a vela queimar até o fim, mas apague a chama quando não estiver por perto e volte a acendê-la quando estiver presente, com uma vareta de incenso. Ao fazer isso, repita o encantamento. Acenda a vela todos os dias pelo tempo que for necessário. Quando a vela acabar, o feitiço estará completo.

– Extraído e adaptado de "The Phoenix",
de Mickie Mueller, *Llewellyn's 2020 Magical Almanac*.

Aprenda a Utilizar a Magia Entrópica de Forma Positiva

O universo se equilibra entre forças de criação e forças de destruição. A *sintropia* é uma força que constrói e organiza. A vida e o processo de criação dos cristais são exemplos de sintropia. A *entropia* é uma força que rompe e desorganiza. A degradação e a perda de calor são exemplos de entropia. Essas duas forças são necessárias para manter o universo coeso. Vamos explorar a natureza da entropia e seus usos construtivos, como nos feitiços de banimento e na magia cíclica e sazonal.

Muitos praticantes evitam a magia entrópica. Eles talvez pensem que ela é "sombria" ou "ruim". Mas, na verdade, não é nenhuma dessas duas coisas; a entropia é uma força natural, com suas próprias regras e benefícios, como qualquer outra. A magia entrópica pode ajudar quem precisa romper alguma coisa ou se livrar de algo e está disposto a usar métodos que não usem apenas ervas perfumadas e pedras brilhantes. Provavelmente esse tipo de magia tem mais a ver com bruxos, xamãs e curandeiros do que com magos cerimonialistas. Contudo, alguns dos feitiços de banimento mais poderosos são verdadeiros rituais. E há algo neles que serve a todos.

O que é entropia?

Entropia é um processo científico. Várias leis e fórmulas expressam a tendência dos sistemas de perder energia ao longo do tempo e progredir da ordem para a desordem. Por exemplo, se você soltar uma bola, ela vai saltar cada vez menos até que fique parada e não salte mais. Se você esbarrar numa torre de blocos empilhados, eles cairão num padrão aleatório, não num padrão organizado. Embora esses processos sejam muitas vezes inconvenientes, contamos com eles para a nossa sobrevivência. A entropia é o que destrói as coisas para que elas possam ser reutilizadas. Sem ela, as coisas mortas e os resíduos não se decomporiam e em breve estaríamos soterrados embaixo do lixo. Coisas que não se decompõem rapidamente – como lixo nuclear e plástico – causam enormes problemas ambientais justamente porque impedem o processo natural de entropia. Precisamos da entropia para eliminar coisas que não queremos mais e abrir caminho para coisas novas.

Aspectos mágicos da entropia

A entropia não é limpa nem bonita. É suja e bagunçada. Por essa razão, as pessoas tendem a evitá-la ou entendê-la mal. Isso complica a discussão sobre a ética na magia entrópica. A morte não é má, mas como as pessoas a temem, tudo associado a ela parece ruim ou assustador. No entanto, não há nada inerentemente errado na morte; ela é um processo natural. E trabalhar com a entropia não é antiético. Você apenas tem que seguir as diretrizes morais da sua tradição. Por exemplo, matar pessoas é geralmente considerado errado, mas fazer magia para ajudá-las a entender a morte como um evento da vida é algo muito bem-vindo.

A entropia tem muitas aplicações mágicas. Como em qualquer campo da magia, algumas são mais éticas do que outras. Quando você pensa em romper uma ligação, a moralidade dessa atitude vai sempre depender da condição dessa ligação. Romper o relacionamento de uma pessoa para tomar o lugar do parceiro dela seria algo bem reprovável, mas romper um relacionamento abusivo para ajudar alguém é muito diferente.

Considere as correspondências da entropia na magia. Entre as divindades, todos os deuses trapaceiros e da morte são importantes. Assim como as divindades protetoras de manifestações entrópicas, como Ningišzida, deus mesopotâmico do crescimento e da decadência, ou Cheukshin, a deusa coreana dos banheiros (!). Invoque os deuses trapaceiros para provocar uma destruição necessária e as divindades da morte em tempos de transição. Invoque os deuses protetores ao lidar com sua área de influência – Ningišzida abençoará sua caixa de compostagem, por exemplo, e Cheukshin o ajudará a encontrar um encanador no meio da noite.

Outras correspondências podem ser usadas em feitiços. O pôr do sol e as horas da noite são horários entrópicos do dia. A Lua Minguante representa declínios mensais, ideais para banimentos. O outono e o inverno são épocas entrópicas do ano, boas para feitiços de longo prazo. Todos eles têm contrapartes sintrópicas. Quando fizer uma magia cíclica, você pode equilibrá-los – noite e dia, Lua Minguante e Lua Crescente, estação de plantio e de colheita, e assim por diante.

Feitiços de banimento

As forças entrópicas também regem todas as formas de magia de banimento. Você pode banir uma entidade negativa, uma pessoa indesejada, um mau hábito, pragas de jardim e assim por diante. Esses feitiços geralmente envolvem um ato simbólico de destruição ou repulsa. Considere divindades como Zeus, que baniu os Titãs para o Mundo Subterrâneo; Kali, uma deusa da destruição e do caos; ou Hécate, antiga deusa da Lua Negra.

Banimentos com o auxílio dos elementos podem destruir um item simbólico de várias maneiras. Digamos que você tenha uma imagem impressa do seu mau hábito, como fumar por exemplo. Se você rasgá-la e deixar os pedaços voarem, isso é magia do Ar. Se você queimar e espalhar as cinzas numa encruzilhada, isso é magia do Fogo. Se você transformá-la num barco de papel e deixar que flutue correnteza abaixo, isso é magia da Água. Se você enterrá-la num canteiro, isso é magia da Terra. Mas essas são, todas elas, variações de magia entrópica. Enterrar as cinzas num canteiro de flores está entre as melhores opções, porque os resíduos serão transformados em algo belo. Também é algo seguro e que não produzirá mais lixo.

Alguns tipos de banimento dependem da quebra de um objeto. Esse tipo de magia funciona melhor se você precisa se livrar de uma pessoa abusiva, um emprego sem futuro, uma casa que não o agrada e assim por diante. Suponha que você queira mudar de emprego e tenha uma xícara de café que costuma usar no ambiente de trabalho. Enrole-a num pano, esmague-a com um martelo, enquanto pede para uma divindade da destruição a troca do seu atual emprego por outro melhor. Depois envie as peças para um aterro, que é outro local de poder entrópico.

Outros tipos de banimento usam substâncias que purificam ou repelem. Todo mundo conhece os poderes do sal e do carvão. Mas você pode ser criativo. Pimenta malagueta, pimenta do reino, pimenta vermelha em conserva... Todas elas são ótimos componentes para feitiços de banimento. Pense em como as coisas entrópicas funcionam. Solventes derretem coisas, por isso servem para desfazer amarrações, por exemplo.

Se você tem alguém que é como um muro de pedra no seu caminho, misture um pouco de confrei em pó para quebrar a resistência dessa pessoa, pois assim como o confrei ajuda a quebrar pedras nos rins, ele também ajuda a quebrar outros tipos de barreira. Tenha cuidado com a magia que envolve outras pessoas; algumas tradições, como o Vodu, a permite, enquanto outras, como a Wicca, limitam esse tipo de magia ou não a recomendam.

> **Gotas de magia**
> A entropia destrói o que você não quer para dar espaço a algo novo na sua vida.

Reciclando

A entropia é metade da força por trás de um ciclo equilibrado. Nascimento, vida e crescimento são a metade sintrópica. Declínio, morte e decadência são a metade entrópica – depois da qual vem o renascimento. Nenhuma metade pode funcionar corretamente sem a outra. Sem a decomposição que ocorre no outono e no inverno, não haveria como adubar a terra para as novas plantas, na primavera. Por esse motivo, a entropia é um componente essencial para a magia cíclica. Nesse tipo de magia você pode usar figuras de transformação como Circe, uma bruxa que mudava de forma; Tiresias, um alterador de gênero; Heqet, a deusa sapo egípcia; ou Xochipilli, o deus asteca das borboletas e da vegetação.

A magia cíclica mais comum entre os pagãos é a magia lunar. Para colocar as duas forças num feitiço da Lua, primeiro você tem que banir o que não quer durante a Lua Minguante e depois atrair o que deseja durante a Lua Crescente. Você pode usar uma abordagem semelhante com a noite e o dia.

Outro exemplo popular é a magia sazonal. Outono é a época da colheita, quando plantas e animais morrem para servirem de alimento, e os campos são lavrados. É um bom momento para iniciar projetos que precisam hibernar durante o inverno e, é claro, plantar bulbos que florescerão na primavera. O inverno é a hora do descanso, o baixo fluxo de energia quando a entropia é mais forte. Tudo está frio e parado. Então a primavera chega e a vida se renova. Os jardins são adubados. O verão é a época da sintropia, quando tudo está quente e crescendo. Mas o verão se torna outono, quando todo esse crescimento se concretiza e depois morre. Para obter o máximo efeito, você precisa fazer magia ao redor dessa roda, sem ignorar a parte entrópica. A magia sazonal exige muito comprometimento, pois é preciso trabalhar o ano inteiro, mas é ótimo para grandes projetos como agricultura, fertilidade, estudos, carreira e assim por diante.

Seja como for que você utilize a magia entrópica, nunca se esqueça de que os feitiços de banimento não fazem nada desaparecer da sua vida, embora possa ser tentador fantasiar que isso é possível, quando algo está nos causando sofrimento. Eles servem para dissipar um mau comportamento e substituí-lo por outro mais apropriado. E tudo o que é banido deve ser substituído, pois a magia abomina o vácuo.

Magia de banimento para o desapego

Se você continua apegado à pessoa com quem teve um relacionamento ou por quem se apaixonou, mas não é correspondido, experimente fazer este feitiço de magia entrópica, numa noite de Lua Cheia:

> **Você vai precisar de:**
> ✓ 3 fotos da pessoa de quem você queira se desapegar
> ✓ 1 vela preta
> ✓ 1 suporte para a vela

Acenda a vela preta e, com as três fotos da pessoa na mão, peça à deusa Hécate ou à sua divindade favorita para esquecê-la. Depois da prece, faça um grande x na primeira foto e diga: "(*Nome da pessoa*), você está fora da minha mente!". Depois faça um grande x na segunda foto e siga: "(*Nome da pessoa*), você está fora do meu coração!" Em seguida, faça um grande x na terceira foto e diga: "(*Nome da pessoa*), você está fora da minha vida". Depois, com cuidado, queime as três imagens na vela preta, enquanto pensa na pessoa, repetindo as três frases anteriores. Jogue as cinzas na privada e dê descarga em seguida, agradecendo à divindade que você invocou.

– Extraído e adaptado de "Entropic Magic",
de Elizabeth Barrette, *Llewellyn's 2020 Magical Almanac*.

Alta Magia para Combater o Mal

Este é um debate de longa data entre os bruxos: devemos usar nossas habilidades, na prática da magia, para causar sofrimento, mesmo que isso pareça muito justificado? Mesmo que, aparentemente, seja para o bem maior?

Bem, primeiro vamos dar uma olhada no termo "justificado". Ele implica justiça e, a menos que estejamos nos referindo a karma, é um termo objetivo, que requer a avaliação ou o julgamento de um ser humano. Mas quem somos nós para julgar? Nosso conhecimento, nossa vontade e nossa capacidade de influenciar as pessoas por meio da magia seriam razão suficiente para sermos "juízes kármicos" em alguma situação? Essas questões éticas podem ser complicadas e muito relativas, pois cada caso é um caso.

É fácil ser reativo na vida. Em 99% dos casos, o ato de revidar é inteiramente reativo e, em última análise, desnecessário. Muitas pessoas revidam e falam mal – ou procuram alguém para fazer mal em nome delas – se se sentem prejudicadas por outra pessoa. Essas atitudes são cruéis, mundanas, mesquinhas e geralmente malsucedidas.

Ao longo deste artigo, examinarei vários elementos, aspectos e teorias sobre maldições, feitiços para o mal, demandas e outras formas de retaliação mágica classificadas como "magia negra". E o concluirei com um guia instrutivo para "iluminar" alguém que tenha prejudicado outra pessoa, como uma alternativa mais ética e mais eficaz.

Além disso, proponho que nosso foco mágico não seja "punir" quem nos causou mal, mas ajudar essa pessoa a se elevar, algo que eu encorajo o leitor a fazer.

A injustiça que se dane!

Há momentos em que ouvimos notícias sobre abusos horríveis sofridos por pessoas e animais inocentes. A triste realidade é que esses horrores existem no mundo e merecem ser expostos na mídia. Não basta desligar a TV e deixar de ver noticiários. Temos que fazer parte da mudança, mesmo que façamos isso apenas no nível energético. Para pessoas empáticas e extremamente sensíveis, só a ideia de se envolver nessas energias já pode causar ansiedade e estresse – mas precisamos usar nosso poder mágico para detê-las. Decidimos trilhar esse caminho espiritual por uma razão. Talvez o aspecto mais significativo do nosso caminho espiritual seja servir aos outros e ajudar a tornar este mundo melhor de todas as maneiras que pudermos.

Quando ouvimos sobre questões de abuso e exploração nos noticiários, o primeiro impulso que temos é usar nossos poderes mágicos para "fazer justiça", por meio de um feitiço, uma amarração ou qualquer outro trabalho de magia. Mas injustiças acontecem todos os dias e seria exaustivo e imprudente gastarmos nossa energia diária tentando corrigi-las. Nós precisamos decidir com sabedoria onde e como gastamos nossa energia.

Às vezes, maldizer, enfeitiçar, amaldiçoar ou amarrar parece algo muito justificado, como no caso em que testemunhamos ou sofremos abuso e exploração. Mas é mais sensato procurar a ajuda da Lei e proteção física, além da proteção mágica. Em casos como esses, o desejo de lançar maldições e apelar para a "magia negra" é uma reação compreensível. No entanto, sinto que a magia lançada para ajudar o agressor a tomar consciência dos seus atos "pelos meios que forem necessários" é muito mais eficaz e karmicamente correto.

A questão da amarração

Há uma cena fantástica no filme *Jovens Bruxas*, de 1996, em que a protagonista Sarah lança um feitiço de amarração na sua companheira de *coven* Nancy, para que ela não consiga prejudicar nem a si mesma nem as outras pessoas. Você pode apostar que, nos anos 1990, milhares de adolescentes fizeram esse tipo de feitiço de amarração por causa dessa cena – inclusive eu!

A maioria dos bruxos, pagãos e magos concorda que os rituais podem ser atos mágicos muito positivos, que podem conter os atos de um agressor e também garantir a proteção da vítima. A magia de amarração típica é diferente de amaldiçoar ou enfeitiçar, porque ela visa a segurança tanto do agressor quanto da vítima, embora interfira diretamente no livre-arbítrio das pessoas envolvidas. Como qualquer coisa, a amarração pode assumir várias formas e sua ética é tão questionável quanto outros tipos de magia realizadas em reação a um mal cometido.

O karma

A Wicca é um dos caminhos mágicos ocidentais mais influentes dos tempos modernos. Desde a sua criação, no final da década de 1940, a Lei Tríplice, ou do Triplo Retorno, foi interpretada de várias maneiras diferentes, mas a mais comum de todas afirma que tudo o que uma pessoa faz volta para ela multiplicado por três. Muitos praticantes, porém, veem essa crença, hoje em dia, mais como uma superstição do que como uma lei natural. Isso ocorre porque a natureza sempre tende ao equilíbrio. Qualquer coisa que vá além de uma "lei da causa e efeito" simplesmente não faz sentido, porque a realidade em si é um ato de equilíbrio, não de amplificação.

O Hinduísmo e outros caminhos místicos orientais há muito compreenderam a realidade do ciclo kármico. Muitas vezes incompreendida no Ocidente, a ideia de karma não equivale a um "olho por olho", mas a uma lei de equilíbrio universal, que abrange várias vidas. Isso não quer dizer que toda ocorrência horrível do mundo seja o "karma em ação". Por quê? Porque novas impressões kármicas se formam o tempo todo. Em numerosas tradições místicas orientais, as *samskaras* são entendidas como impressões vibracionais com expressiva carga efetiva, que são criadas por meio de determinadas ações ou inações de uma pessoa numa vida. Retirar o lixo, por exemplo, não afeta o karma e não cria *samskara*. No entanto, jogar lixo reciclável intencionalmente numa lixeira comum, porque parece divertido, seria algo que criaria *samskara* ou reforçaria um sistema preexistente de padrão kármico. Por outro lado, organizar um curso sobre sustentabilidade, para ensinar as pessoas a reduzirem os detritos domésticos, também cria *samskara*. Em outras palavras, nem sempre o karma é ruim. Se optarmos por fazer escolhas positivas, progressivas e compassivas em relação a nós mesmos e aos outros (incluindo os nossos pensamentos!), essas energias ficam impressas no nosso campo áurico, incentivando mais positividade no dia a dia.

O karma não é bom ou ruim. Como a gravidade ou o oxigênio, ele é uma força natural que sustenta a existência, embora seus efeitos possam não ser observados imediatamente e não podem ser testados com precisão num laboratório. Também devo mencionar aqui que reconhecer, compreender e desfazer padrões kármicos profundamente arraigados é algo que leva vidas. Quando nos dedicamos humildemente a um caminho de crescimento espiritual, seja a bruxaria, o yoga ou qualquer outra, ficamos mais alinhados com as correntes espirituais que incentivam o aprendizado e a resolução de velhos padrões kármicos. Os karmas aparentemente "negativos" podem ser resolvidos através da autoconsciência, da humildade e da *seva*, o serviço altruísta aos outros.

Nossa influência nas realidades de outros seres cria nossas próprias experiências. É por isso que o trabalho kármico e o trabalho mágico são, na realidade, inseparáveis e muitos praticantes de magia acreditam que os trabalhos de magia negra não devem ser praticados nem promovidos.

Onde entra a atenção plena

Sou um grande fã das perspectivas budistas sobre a atenção plena. Agora uma expressão comum, a "atenção plena" implica uma certa consciência e autoconsciência quando se trata de responder aos altos e baixos da vida. Além disso, a atenção plena pode ser comparada a uma experiência de observar a vida em vez de reagir instintivamente a ela.

A autoconsciência exige atenção plena e ambos os termos implicam a capacidade de recuar emocionalmente antes de reagir por impulso ao drama humano ao nosso redor. A sabedoria tem inúmeras formas e é valorizada em praticamente todas as culturas e tradições. No final das contas, acredito que sabedoria e autoconsciência são quase a mesma coisa.

Se pudermos olhar mais objetivamente para nossa mente e para o jeito como pensamos e reagimos às nossas experiências, podemos escolher com mais sabedoria onde e como dispender nossas energias e esforços. Isso certamente se aplica às nossas práticas mágicas intencionais. Uma das primeiras lições mágicas que me ensinaram é esperar 24 horas depois de ter uma ideia para fazer magia (um ciclo solar completo), antes de realmente lançar o feitiço ou executar o trabalho. Isso vale principalmente para a magia que tem o potencial de afetar consideravelmente a realidade de outra pessoa ou a sua própria.

Ilumine-se!

Todo mundo precisa ter autoconsciência. Muitos dos problemas do mundo são decorrência de impressões traumáticas latentes no espírito e na psique de indivíduos que, depois de agredidos, se tornaram agressores. Quando se trata de magia para "iluminar" a pessoa, os porquês do infrator ficam em segundo plano. O mais importante é a grande necessidade de aumentar a autoconsciência dessa pessoa.

A melhor parte da magia para "iluminar" é o fato de que ela não prejudica a pessoa, caso ela seja de fato inocente na situação. Se realizado com bondade, em vez de maldade ou despeito, esse tipo de magia ajuda o outro em seu caminho de conhecimento. Porém, se a pessoa for culpada e tiver prejudicado outra intencionalmente, uma explosão de energia iluminada pode surtir o mesmo efeito de uma maldição, devido à intensidade da energia irradiada para que a pessoa se ilumine – seja pelo meio que for. Não é sempre fácil aprender as lições profundas da vida e trilhar o caminho certo.

Essa forma de magia serve para ajudar a pessoa a se tornar mais esclarecida e autoconsciente, e para que ela possa parar de causar dano. Afinal, quem não precisa de mais autoconsciência? Quem não precisa de mais bondade em sua vida? Nós todos precisamos, e todos merecemos isso.

Em vez de usar algum tipo de feitiço ou magia negra, incentivo você a experimentar a alternativa mais ética a seguir – algo que geralmente é até mais poderoso – ou uma variação dela. Essa magia deve ser realizada em conjunto com ações mágicas no mundo real para garantir a segurança, a proteção e a justiça da vítima, se o caso for grave. (Se leis foram violadas ou se você ou a vítima em questão estiverem em perigo, acione as autoridades imediatamente.)

Ao longo deste trabalho mágico, faça um esforço para não desejar nenhum mal para a outra pessoa; envie a ela apenas paz e compaixão, da melhor maneira possível. Geralmente é muito mais fácil falar do que fazer. Se isso simplesmente lhe parece impossível, não direcione a magia para essa pessoa. Lembre-se de que você, em certa medida, estará forçando a pessoa a receber a energia de autoconsciência. De várias maneiras, isso pode ser comparado a uma "ligação de luz". Se essa ligação não se encaixa bem no que você quer criar ou lhe parece antiética, não lance esse tipo de magia. Tudo na vida é circunstancial, e cada circunstância é diferente, por isso o praticante deve estar totalmente confiante de que a magia que ele vai lançar é a mais adequada à sua situação e a atitude mais ética a tomar.

Crie um vínculo de luz

Escolha uma posição confortável no seu espaço sagrado, depois de purificar o ambiente com sálvia e água salgada. Em seguida, acenda velas e um incenso. Execute o Ritual Menor do Pentagrama, faça uma prece de proteção ou lance um círculo, se for essa a sua prática. Invoque os deuses, guias e guardiões com que você está familiarizado e que, para você, representam o conceito de iluminação.

Esse tipo de ritual é mais eficiente se realizado ao amanhecer ou em algum momento antes do apogeu do Sol, e é mais poderoso se realizado num domingo. (Estas são meras sugestões. O praticante deve adaptar o ritual de acordo com suas possibilidades.)

De frente para o leste (sentado ou em pé), com os olhos fechados, visualize o agressor diante dos seus olhos. Veja o rosto dessa pessoa e lembre-se dos incidentes que levaram você a decidir influenciar a realidade dela por meio da magia. Se raiva, tristeza ou outras emoções difíceis aflorarem, sinta-as sem se apegar por muito tempo às sensações que lhe causam. Faça o seu melhor para se tornar apenas um observador dessas emoções, em vez de deixá-las fazer morada em você.

Agora é hora de começar a magia. Se você está pensando em lançar um encantamento junto com essa visualização (usando uma foto, vela, carta ou qualquer outra coisa), providencie seus ingredientes e inicie seu trabalho ao mesmo tempo em que faz o ritual. (Nota: certas ervas, incensos, e pedras também podem ser utilizadas nesse tipo de trabalho, incluindo jasmim, sândalo, incenso, benjoim, selenito e lápis-lazúli.)

Quando você perceber que está sentindo com precisão a energia emocional da situação – e a assinatura energética do agressor em questão –, visualize-se olhando bem nos olhos dele. Fazendo o possível para cultivar a aceitação em seu coração (que não é o mesmo que perdão), fale diretamente com a imagem do agressor. Em vez de amaldiçoá-lo com suas palavras, diga-lhe a razão pela qual você está seguindo um caminho mais elevado ao fazer sua magia. Explique ao espírito dele porque ele merece autoconsciência, cura e iluminação tanto quanto qualquer pessoa.

Invoque a luz. Levante as mãos e passe algum tempo visualizando seu corpo crescendo em tamanho, estendendo-se no espaço sideral. Veja-se invocando a luz da consciência, da vida e da força projetiva da evolução. Contenha entre as mãos essas energias numa bola astral de um branco ofuscante. Visualize você mesmo voltando à terra com essa esfera nas mãos.

Com seu olho da mente, projete com força essa esfera em direção ao agressor ou ao feitiço à sua frente. Veja a pessoa reagindo fisicamente à rajada de luz que você está lhe enviando, enquanto declara:

> *Ilumine-se – por qualquer meio que seja necessário – AGORA!*

Visualize essa luz entrando por todos os poros do corpo da pessoa. Lembre-se de que você está ajudando a acelerar a evolução da alma dela. Visualize essa luz poderosa abrindo simultaneamente os chakras do Coração (*anahata*) e do Terceiro Olho (*ajna*) desse indivíduo, entrando pelas duas mãos dele. Veja esses dois chakras e as mãos dele conectados por essa luz astral, simbolizando uma conexão entre a consciência, a compaixão e a ação. Para selar essas energias, imagine o rosto dessa pessoa cada vez mais surpreso. Visualize-a capaz de perceber com precisão o mal que praticou. Por fim, veja o indivíduo em sua mente aceitando essa luz em si mesmo. Coloque as mãos na posição do mudra *anjali* (juntando as mãos em oração) e incline-se para ela. Comunique quaisquer desejos finais voltados para a iluminação e genuinamente deseje-lhe felicidades em sua jornada. Se a Wicca é sua prática, você agora pode repetir um mantra como a Rede Wiccana: "Faça o que quiser, mas não prejudique ninguém".

Agradeça aos deuses e espíritos que estiveram presentes e certifique-se de aterrar sua energia da maneira que achar melhor. Tenha certeza de que você realizou um trabalho benéfico para todos os envolvidos e não se esqueça de complementar esse ritual com ações no mundo real, relacionada à segurança e à justiça.

Agora pode sentir orgulho de si mesmo. Você provou que é um bruxo de valor.

– Extraído e adaptado de
"Enlighten Up: A New Approach to Cursing",
de Raven Digitalis, *Llewellyn's 2019 Magical Almanac*.

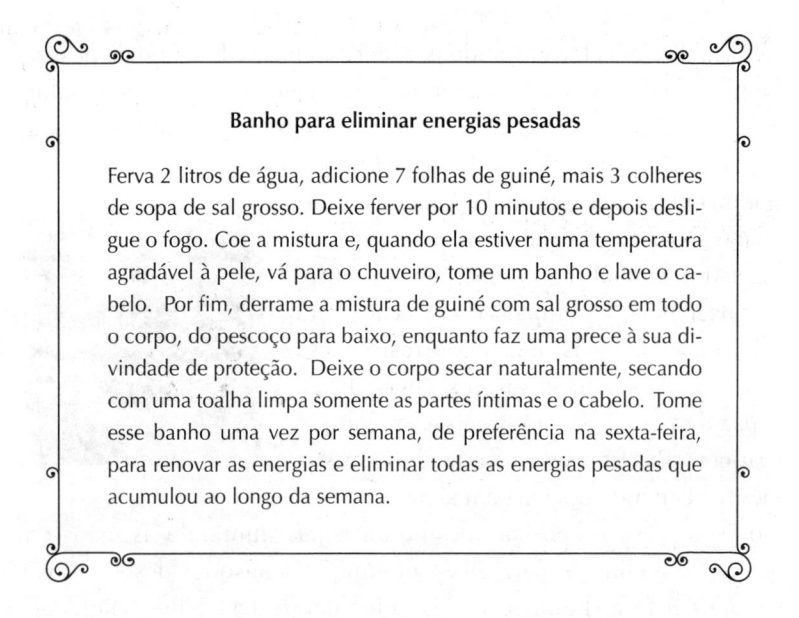

Banho para eliminar energias pesadas

Ferva 2 litros de água, adicione 7 folhas de guiné, mais 3 colheres de sopa de sal grosso. Deixe ferver por 10 minutos e depois desligue o fogo. Coe a mistura e, quando ela estiver numa temperatura agradável à pele, vá para o chuveiro, tome um banho e lave o cabelo. Por fim, derrame a mistura de guiné com sal grosso em todo o corpo, do pescoço para baixo, enquanto faz uma prece à sua divindade de proteção. Deixe o corpo secar naturalmente, secando com uma toalha limpa somente as partes íntimas e o cabelo. Tome esse banho uma vez por semana, de preferência na sexta-feira, para renovar as energias e eliminar todas as energias pesadas que acumulou ao longo da semana.

Saiba Como se Defender de Ataques Psíquicos

Os ataques psíquicos podem ocorrer de muitas formas diferentes. E, embora os praticantes de magia saibam que muitas vezes eles podem se originar do mundo espiritual, também podem vir, de forma insidiosa, das interações da vida cotidiana com outras pessoas, inclusive através da mídia social. Os efeitos do ataque psíquico cotidiano pode ter um impacto tão forte na nossa vida quanto uma maldição ou um feitiço de magia negra. Você pode se sentir vulnerável, temeroso. Pode se sentir diminuído em seu poder e na sua capacidade de se defender. Pode se sentir à mercê de sentimentos de insegurança. Pode até se sentir fisicamente desvitalizado.

A magia e várias outras práticas espirituais costumavam ser um território exclusivo das pessoas que se dedicavam à espiritualidade, mas a internet aumentou a popularidade dessas e de outras práticas, o que é uma espada de dois gumes. A internet pode trazer conscientização e conhecimento e nos conectar com autores, pensadores e profissionais brilhantes, mas também nos por em contato com bruxos, xamãs e praticantes de magia de caráter duvidoso... Há um lado sombrio no mundo mágico/espiritual que está repleto de competição e narcisismo. Existem grupos que pregam a inclusão, mas são tudo menos inclusivos. Descobri isso em primeira mão quando meu livro, *The Twelve Faces o Goddess* [As Doze Faces da Deusa], foi publicado em 2018.

Quando meu primeiro livro finalmente foi a público, eu comemorei, pois tinha conseguido destilar décadas de estudo, trabalho e experiências de vida em palavras que qualquer pessoa poderia entender. Dizer que foi um sonho que se tornou realidade é muito pouco...

Embora os autores sejam avisados de que é melhor que não leiam as resenhas críticas dos seus livros, eu não me contive, sou apenas humana, e fiquei cheia de gratidão quando verifiquei os vários sites de revisão crítica e encontrei muitos elogios e muitas palavras de apoio dos meus leitores. Passei a sentir uma crescente sensação de empoderamento.

No entanto, em pouco tempo, com a crescente visibilidade do meu trabalho no mundo todo, comecei a perceber outro tipo de energia, especificamente de aspirantes a praticantes de magia de uma cidade próxima à minha. Quando tentei entrar em contato com algumas dessas pessoas, on-line e off-line, senti uma frieza inexplicável, mas muito perceptível. E embora todos tenham direito a um dia ruim, isso me parecia algo muito diferente.

No começo, pensei que era apenas minha imaginação. E tentei mais um pouco. Eu fui mais amigável e tentei cativar essas mulheres, apesar de serem muito frias comigo. A rejeição delas desencadeou sentimentos que eu não experimentava desde que era adolescente. Muitos que seguem o caminho da Bruxaria conhecem bem a sensação de ser um pária e, embora eu já tivesse anos de experiência, tivesse acabado de publicar meu primeiro livro e me considerasse uma pessoa muito confiante, senti um sentimento de insegurança tão grande quanto o que sentia quando tinha 14 anos.

Nem bem voltara do lançamento de um livro bem-sucedido e descobria que já havia pessoas que o odiavam. E embora nenhum autor queira ver uma crítica negativa de seu trabalho árduo, o que li não eram simplesmente comentários críticos. Eu sabia que nem todo mundo ia amar meu livro, mas as palavras cruéis da "revisora crítica" tinham todas as marcas de um ataque puro e simples. Verificando os outros sites, vi que ela tinha postado a mesma resenha em vários deles, embora um pouco reformulada. Embora as postagens fossem anônimas, o revisor tinha deixado inconscientemente várias pistas que apontavam diretamente para alguém de um dos grupos on-line que eu conhecia. Eu fiquei chocada. Minha primeira reação foi descrença. Por que alguém faria isso? Eu podia literalmente sentir a energia negativa apontada na minha direção e, por um breve período, o choque de saber que alguém que eu nem conhecia fazia tudo para me prejudicar desestabilizou meu equilíbrio (que provavelmente era o que o ataque pretendia).

Lições de Proteção Psíquica

Embora eu seja uma bruxa há várias décadas e tenha praticado proteção mágica em diferentes momentos da minha vida, desde que eu me tornei escritora, aprendi algumas lições úteis sobre proteção psíquica que eu gostaria de compartilhar.

1. **À medida que o seu poder cresce e se torna mais visível, seus limites são testados.**

   Você saberá, quando estiver começando a ter mais poder, que algumas pessoas verão você como uma ameaça. Infelizmente, esse é o preço a pagar. Quanto mais você brilha, mais alguns projetam a sombra dos seus próprios sonhos não vividos em você. Alguns pensam: "Por que ela? Por que não eu?" Em seu descontentamento consigo mesmas, essas pessoas podem atacar com fofocas ou coisa pior. Pense nas bruxas que vieram antes de você. Embora elas geralmente fossem poderosas, sábias e habilidosas, muitas também foram criticadas, rejeitadas e punidas por causa do poder que tinham. À medida que você desenvolve o seu poder, mantenha a cabeça erguida e não deixe as críticas o abaterem.

2. Pessoas inseguras inconscientemente gostam de competir.

Você já conheceu alguém de coração aberto, querendo fazer amizade, apenas para ser rejeitada por uma resposta fria ou desdenhosa? Este é o trabalho energético diário que tenho de fazer. Apesar de parecer o contrário, a pessoa em questão é geralmente insegura e se sente ameaçada. O ataque é uma tática para obter vantagem e manter um falso sentimento de superioridade. A mensagem silenciosa é "você não é importante" ou "sou tão importante que não tenho tempo para você". A pessoa pode nem perceber conscientemente que está agindo dessa maneira, mas, por qualquer motivo, ela está sentindo a necessidade de inflar o próprio ego na sua presença. Por outro lado, você encontrou alguém e imediatamente sentiu receptividade com relação à sua saudação?

Como autora estreante, era assustador para mim procurar figuras públicas bem-sucedidas e conhecidas com meu manuscrito na mão, perguntando se poderiam lê-lo. Eu me preparava para a rejeição toda vez que o enviava. Mas esses autores foram extremamente gentis e não se negaram a me oferecer seu tempo e energia. Algumas vezes fui às lágrimas com a generosidade, as palavras de apoio e a bondade deles. Esteja atento ao tipo de pessoa que você procura. Quanto mais centrada está a pessoa no que ela faz e em quem é, mais amável e generosa ela é consigo mesma e com os outros.

3. Você está cedendo o seu poder ao outro em troca de aprovação?

Se você sentir que está entregando seu poder a outra pessoa em busca da aprovação dela, imediatamente dê um passo para trás. Pegue de volta o seu poder e procure se centrar. E proteja-se, se necessário, com um escudo energético.

Resista à tentação de se esforçar mais para fazer com que a outra pessoa "goste de você". Você não obterá a aprovação dela dando mais de si mesmo. Ela está jogando energeticamente para se sentir mais poderosa: a mensagem silenciosa é que você precisa dela, mas ela não precisa de você. Mude sua linguagem corporal imediatamente e preserve a sua energia. Coloque a mão sobre o plexo solar. Esse tipo de troca pode ocorrer pessoalmente ou pela internet.

4. **Impor limites pode ser desconfortável.**

Muitos de nós têm dificuldade para impor e manter limites saudáveis em todas as situações. Impor limites requer prática. Pode parecer difícil dizer não no trabalho. Ou talvez seja difícil manter limites quando se trata de um membro da família. Quando você começa a ficar mais forte e impor limites, as pessoas se ressentem. Elas podem ficar com raiva ou se afastar, fazendo com que você se sinta culpado e queira ceder ou fazer uma exceção. É preciso força e convicção pessoal para manter limites saudáveis. Também requer uma reflexão pessoal para verificar o que é realmente importante para você. Algumas pessoas pressionam ou ultrapassam seus limites, forçando você a se impor. Isso pode ser mais fácil de dizer do que fazer. Continue praticando.

5. **Conecte-se com seus aliados.**

Trabalhar com divindades ligadas que o ajudem a impor limites e demonstrar seu poder pessoal pode ser muito útil na proteção mágica diária. Chame Macha, a Deusa da soberania irlandesa, que protege quem está precisando impor limites. Ou se ligue a Marte, que originalmente era protetor dos agricultores, dos campos e das fronteiras. Aliados do reino mineral também podem ser usados para proteção: a turmalina negra, a hematita, o quartzo enfumaçado, a obsidiana e o ônix funcionam muito bem. O azeviche é um aliado da bruxa particularmente forte e protege contra ataques psíquicos. É especialmente útil na mesinha de cabeceira para proteger contra pesadelos e energias negativas enquanto você dorme.

Defumação para Proteção Psíquica

Os aliados do mundo vegetal são muito úteis contra energias negativas enviadas na sua direção. Na combinação a seguir, uso as ervas mais conhecidas para proteção e purificação. Para melhores resultados, cultive suas próprias ervas de proteção no jardim ou num vaso, para colocar na porta de casa. Se você conseguir encontrar ervas em flor, saiba que elas estão no máximo do seu poder. Colete os galhos das ervas com ética, tomando cuidado para não danificar a planta. Não deixe de agradecer a elas pelos raminhos que cortou. A melhor ocasião para fazer essa defumação protetora é quando a Lua estiver na fase minguante ou quando estiver em Áries ou Escorpião.

Você precisará de:
- ✓ 1 vela preta
- ✓ 1 caneta esferográfica sem tinta ou outro acessório similar
- ✓ Superfície de trabalho, como uma mesa
- ✓ Aliados vegetais: 5 raminhos de sálvia, arruda, guiné, alecrim e manjericão.
- ✓ Barbante

Limpe e consagre sua área de trabalho. Ancore-se e centre-se da sua maneira preferida. Inscreva um sigilo de proteção na vela com a caneta (pentáculo, símbolo de Marte etc.). Acenda a vela e invoque uma divindade protetora com quem sinta afinidade. (Nota: é bom fazer uma pesquisa e se conectar com as qualidades da sua divindade escolhida.) Peça a ajuda dela pensando na sua intenção de se proteger. Dedique sua criação em seu nome. Caminhe com a vela preta acesa no sentido anti-horário, em torno da mesa, e diga (por exemplo):

Por meio desta vela em homenagem à deusa Macha,
Grande rainha das fronteiras, da proteção e da soberania,
Peço que eu saiba preservar meu poder e impor meus limites.
Que nada nem ninguém nocivo possa me impor sua tirania.

Coloque a vela em segurança sobre a mesa e deixe queimar enquanto você prepara as ervas para defumação.

Organize cada aliado do mundo vegetal em cinco pequenas pilhas, meditando e conectando-se com as qualidades de cada uma delas. Deixe algum espaço diante de você para poder montar sua combinação.

Coloque vários raminhos de arruda (de 10 a 15 cm de comprimento) na sua frente. Sobre a arruda, coloque a guiné, o alecrim e, por fim, o manjericão. Junte as plantas na sua mão e comece a enrolar o barbante no pequeno feixe de raminhos, de baixo para cima. Você pode enrolar novamente, agora de cima para baixo, certificando-se de deixar o barbante o mais apertado que puder. Ao fazer o feixe de ervas, visualize sua intenção de proteção. Peça às ervas que sejam suas aliadas neste trabalho. Termine fazendo um nó duplo e seguro. Agradeça à divindade e aos aliados do mundo vegetal com quem está trabalhando. Deixe a vela queimar com segurança ou extinga a chama com um tampão de velas. Não se preocupe se alguns raminhos forem maiores. Você pode cortá-los depois, se desejar.

Coloque a trouxinha que você fez num local fresco e seco e deixe-a secar, pendurada de ponta cabeça, por vários dias. Assim que secar, sua trouxinha estará pronta para usar. Agora você pode acendê-la e usar a fumaça para limpar e proteger o seu espaço e você mesmo, sempre que sentir necessidade.

– Extraído e adaptado de "Everyday Boundary Magic and Psychic Protection", de Danielle Blackwood, *Llewellyn's 2020 Magical Almanac*.

Mude sua Realidade com a Magia da Intenção

Os feitiços ou rituais mais poderosos são resultado de uma convicção absoluta na nossa capacidade de efetuar mudanças na realidade, aliada a uma intenção clara do que queremos conquistar. Um dos feitiços mais simples e eficazes que fiz me levou a lançar no universo o meu desejo por um amor novo e duradouro. Não acho que feitiços de amor sejam muito eficazes quando dirigidos a uma pessoa em particular. Mas eu estava pronta para mudar a minha vida amorosa. Ela estava estagnada e eu estava disposta a avançar e seguir adiante. Eu queria trazer para a minha vida uma pessoa diferente daquelas com quem já tinha me relacionado. E não imaginava uma pessoa em particular; em vez disso, imaginava alguém que combinasse comigo, com objetivos parecidos com os meus; e alguém que, como eu, quisesse um relacionamento estável.

Passei muito tempo pensando em como manifestaria minha intenção. Eu costumo fazer listas para tudo, por isso fiz várias listas sobre coisas de que eu precisava. Como neste caso eu queria fazer um feitiço de amor, criei uma lista dos atributos que eu gostaria de encontrar num parceiro em potencial. Eu não queria influenciar uma pessoa específica, então procurei imaginar um tipo específico de pessoa que me agradaria. Refleti muito sobre o que queria encontrar num parceiro, o que era importante para mim em outra pessoa. Não me concentrei apenas em atributos físicos, mas no perfil emocional e espiritual também. Eu queria alguém que complementasse minhas escolhas de vida, mas também alguém que me desafiaria.

Lancei meu feitiço, irradiando para o universo minha intenção de encontrar alguém com quem sentisse uma verdadeira conexão. Alguém que se encaixava nos meus ideais. Eu também utilizei tabelas de correspondências para compor o meu tipo de feitiço. Queria escolher a ocasião ideal para lançar o feitiço, quais instrumentos mágicos que poderia precisar e quaisquer outros recursos que pudessem tornar meu feitiço mais poderoso.

Embora meu feitiço não tenha se manifestado imediatamente, eu reparei que minha perspectiva mudou. Fiquei mais seletiva com relação aos homens com quem saía. O feitiço trouxe de volta para a minha vida alguém que eu pensava que já pertencesse ao passado. Era um homem que achei que nunca mais veria novamente, no entanto ele é a pessoa que hoje mais me elogia e me apoia. Acabei me casando com ele e ainda estamos casados!

A intenção é importante?

A intenção tornou-se um tópico muito frequente nos livros de magia e é um assunto que sempre causa controvérsias. Embora exista muito debate sobre o que é a intenção e como usá-la, há uma coisa com relação a qual todos são unânimes: a intenção, por si só, é fundamental para um feitiço dar resultado. Sem a intenção, você simplesmente tem uma ideia do que pode acontecer, mas nada específico para ajudar a manifestar o que você realmente quer.

A intenção define o tom do seu trabalho ou ritual mágico. A verdadeira intenção é uma forma-pensamento extensamente elaborada antes de a magia ser lançada. E a forma-pensamento continua a trabalhar no plano astral, enquanto trabalha no plano físico. Ela fornece a base para o que você planeja fazer. E define a resolução do feitiço, a sua conclusão. Se você tem uma intenção forte, ela irá pavimentar o caminho para um feitiço forte.

Intenção versus vontade

Qual é a diferença entre intenção e vontade? Intenção é a mudança que você deseja provocar. Embora eu possa ter decidido lançar um feitiço centrado na cura, minha intenção é o que moldará esse feitiço. É o impacto que eu quero causar. Ele pode variar desde querer curar a terra dos poluentes nocivos despejados por uma fábrica até tentar retardar o efeito do câncer no corpo de um amigo próximo. As duas maneiras pelas quais abordo o conceito de cura dependem completamente da minha intenção. Quando a intenção conta com o suporte de outras práticas de magia, você dá uma direção ao seu feitiço.

Quando comecei a estudar a Wicca, fui apresentada à Pirâmide da Bruxa. Existem quatro princípios que acompanham a Pirâmide da Bruxa (também chamados os Quatro Pilares da Força): saber, ousar, querer e calar. A intenção afeta cada um desses quatro pilares, que, por sua vez, afetam o próprio feitiço.

> **Gotas de magia**
> Para que o feitiço seja bem-sucedido, você precisará saber muito bem qual é a sua intenção – seja específico, respeitoso, proativo e persistente.

A Pirâmide da Bruxa

Saber: Este aspecto da Pirâmide da Bruxa tem correlação direta com a intenção. Precisamos saber para que estamos trabalhando. Saber quais componentes correspondem à nossa intenção para vê-lo se concretizar, e saber como entrelaçar todos eles juntos para fazê-lo funcionar.

Ousar: Este quadrante da Pirâmide da Bruxa exige que estejamos dispostos a agir de acordo com nossas intenções. É aqui que nos concentramos em nossa intenção para criar uma nova realidade.

Querer: Este é possivelmente o aspecto mais importante da Pirâmide da Bruxa, e funciona em conjunto com a intenção. Nós podemos saber o que precisamos fazer. Mas a vontade coloca nosso conhecimento em ação. Aqui pegamos nossa ideia e utilizamos nossos instrumentos e correspondências para produzir um resultado tangível.

Calar: Este conceito refere-se à capacidade de levar nossa intenção à realidade. Nossa cultura é a da gratificação instantânea, e pode ser difícil guardar para nós mesmos o que temos feito se desejamos reconhecimento. No entanto, colocando consistentemente nossa própria energia positiva em nossa intenção, bloqueamos a negatividade que poderia inviabilizar nosso feitiço.

Definindo sua intenção

É importante ao criar um feitiço que você defina sua intenção. O que quero dizer com isso é que você precisa definir que tipo de feitiço está fazendo, além do modo como o executará para alcançar o resultado desejado. Mais importante, você precisa saber articular por que está fazendo essa magia. Seja específico! Quanto mais você se concentrar no que está fazendo, melhor será o resultado.

Existem várias maneiras de definir sua intenção. Convém que você indique qual é a sua intenção por escrito ou oralmente. Isso pode tornar a ideia mais concreta e dar substância à forma-pensamento, que pode ser moldada num feitiço ou ritual.

Eu gosto de criar tabelas que me ajudem a visualizar a magia em que estou trabalhando. A seguir, há um exemplo de uma tabela que pode ajudar a delinear o seu feitiço. Nela, dou alguns exemplos de tipos de feitiços que costumo lançar.

Quando quero fazer magia, sempre consulto uma lista para saber qual a melhor ocasião para cada tipo de feitiço. Também anoto por escrito que tipos de instrumentos eu poderia precisar e quaisquer outros itens que eu possa desejar incluir no feitiço. Depois descrevo minhas intenções, muito bem definidas. A tabela a seguir não é de forma alguma uma lista exaustiva de correspondências, mas inclui aquelas que foram úteis para mim ao longo do tempo.

Tabela de Correspondências

Tipo de Feitiço	Intenção	Ocasião ideal	Instrumentos	Cor	Pedra	Erva/óleo
Comunicação	Melhorar a minha comunicação com as outras pessoas	Quarta-feira, ao nascer do sol ou ao meio-dia, na Lua crescente	Livro das Sombras, varinha	Laranja, amarelo	Cornalina, âmbar, citrino	Lavanda, jasmim
Coragem	Superar o medo de altura	Terça-feira, ao nascer do sol ou ao meio-dia, na Lua crescente ou cheia	Athame, espada	Vermelho ou laranja	Granada, rubi	Sangue-de-dragão
Divinação	Aumentar minha habilidade no tarô	Segunda-feira, ao meio-dia, na Lua cheia	Cartas de tarô, caldeirão	Prateado ou branco	Pedra-da-lua, opala	Madressilva, dama-da-noite
Saúde	Acelerar a cura da fratura no braço do meu filho	Domingo, ao meio-dia, na Lua cheia	Boline, turíbulo ou incensário	Amarelo ou laranja	Pedra-do-sol, âmbar	Limão, frutas cítricas, girassol
Amor	Ter um romance	Sexta-feira, ao entardecer ou à noite, na Lua cheia	Vassoura, cálice	Cor-de-rosa, vermelho ou cobre	Quartzo-rosa, jade	Íris, lilás, baunilha
Prosperidade	Aumentar minha capacidade de sustentar minha família	Quinta-feira, ao nascer do sol, na Lua crescente	Pentáculo, vassoura	Preto, prateado	Azeviche, obsidiana, hematita	Menta, patchouli
Proteção	Proteger minha nova casa	Sábado, ao entardecer ou à meia-noite, na Lua	Athame, sino	Roxo, índigo, azul	Ametista, charoite, turquesa	Beladona, patchouli

Quando o feitiço não dá certo

Infelizmente, às vezes nem mesmo o feitiço mais bem planejado ou executado funciona da maneira que imaginamos. Ou ele parece não funcionar ou o resultado não é bem o que esperávamos. O que significa quando isso acontece?

Não vemos situação como um todo

Os seres humanos têm um talento especial para pensar que sabem tudo. Embora nós geralmente tenhamos uma ideia do que achamos que é do nosso interesse, há momentos em que deixamos de ver a situação como um todo. Parece que estamos usando antolhos e só conseguimos ver as coisas que estão bem à nossa frente ou, no caso de um feitiço, só vemos o que queremos ver.

Quando estamos trabalhando em nosso coven, por exemplo, normalmente acabamos o feitiço com uma frase do tipo: "isso ou o que for melhor para o meu eu superior". Isso permite que trabalhemos em sintonia com as energias universais e demonstra humildade, pois nem sempre sabemos o que é melhor para nós.

Aconteceu o melhor

Há também momentos em que um feitiço simplesmente não funciona como imaginamos. Ou o resultado acaba sendo diferente do que pedimos ou simplesmente não acontece. Essas duas coisas aconteceram comigo e ambas são muito normais. Há sempre uma boa razão para as coisas *não* darem certo.

Normalmente anoto por escrito todos os meus feitiços e os guardo até que eu tenha um resultado. Se o resultado diferir do que eu pretendia ou esperava, então tento entender o porquê. Analiso qual era minha intenção e o resultado. O que aconteceu? Funcionou até certo ponto? Se a resposta é sim, então dou uma olhada mais atenta ao texto que usei no meu feitiço. Houve ocasiões em que voltei ao feitiço vários anos depois que o lancei. Pode ter funcionado – mas não no tempo previsto. Há também momentos em que as coisas não funcionaram em meu benefício, pois o que eu queria não era nem um pouco razoável.

Na vida, existem muitos caminhos à nossa frente. Com feitiços e rituais não é diferente. Tentamos canalizar e direcionar os feitiços para o que achamos que seria o melhor resultado. Só boas intenções não são suficientes para criarmos um feitiço de sucesso. Você tem que ter todos os componentes funcionando juntos e em harmonia, para oferecer a si mesmo a melhor oportunidade, e confiar que os deuses e deusas sabem o que é melhor quando as coisas não ocorrem conforme o planejado. No entanto, quando uma forte intenção é combinada com fundamentos mágicos igualmente fortes, você deve se preparar para ter ótimos resultados. Seu feitiço vai ser um sucesso!

– Extraído e adaptado de
"The Intent of Intention", de Charlynn Walls,
Llewellyn's 2020 Magical Almanac.

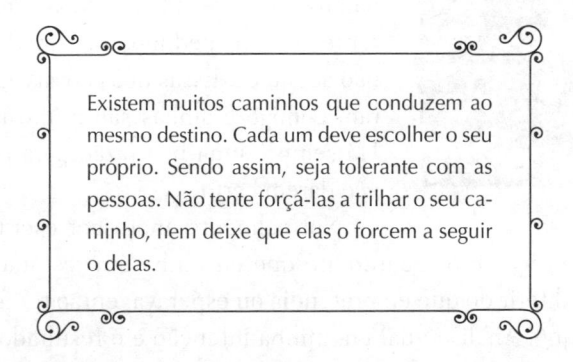

Existem muitos caminhos que conduzem ao mesmo destino. Cada um deve escolher o seu próprio. Sendo assim, seja tolerante com as pessoas. Não tente forçá-las a trilhar o seu caminho, nem deixe que elas o forcem a seguir o delas.

Quinze Ervas Mágicas Brasileiras

Antigamente, tanto os moradores das cidades quanto os da zona rural costumavam procurar um curandeiro ou bruxa de aldeia quando precisavam de um remédio ou poção para curar doenças, aumentar a fertilidade, combater uma maré de azar ou aumentar as chances no amor. Esses curandeiros conheciam o poder das ervas e passavam a maior parte dos seus dias preparando beberagens, poções e encantamentos em seus caldeirões borbulhantes.

Hoje em dia, as ervas continuam sendo um componente essencial na dispensa de qualquer bruxa, por isso convém manter um estoque das ervas mais comuns, para tê-las à mão na cozinha ou na hora de fazer magia. O problema é que, muitas vezes, queremos lançar feitiços ou seguir receitas extraídas de livros traduzidos, cujos ingredientes incluem ervas que não encontramos facilmente no mercado brasileiro.

Por esse motivo, apresento a seguir uma lista de algumas ervas encontradas com facilidade no Brasil e muito usadas para fins mágicos e ritualísticos. A partir de agora, conhecendo as propriedades mágicas dessas ervas, você já pode começar a elaborar seus próprios sachês, incensos, banhos e chás com propriedades mágicas ou substituir ingredientes por outros que você já tenha no seu próprio quintal ou possa adquirir no mercado próximo à sua casa.

Nota: Ervas frescas não devem ser fervidas. As secas, pelo contrário, convêm ferver, pois a fervura desperta propriedades mágicas, adormecidas na planta.

Alecrim Tem várias funções mágicas, incluindo purificação, proteção e preservação da memória. Pode ser usada em ramos também, para polvilhar o sal e a água antes de o círculo ser lançado. Em muitas culturas, era usada como proteção contra espíritos malignos e feiticeiros. Para uso mágico, queime o alecrim para livrar a casa das energias negativas ou como um incenso durante as práticas de meditação. Pendure um ramo de alecrim na porta da frente para impedir a entrada de pessoas mal-intencionadas.

Arruda Relacionada às deusas Arádia, Diana e Hécate, é considerada uma planta guerreira, pois atua no nível de proteção e limpeza astral. Combate e afasta o mau olhado, quando usada atrás da orelha, além de quebranto e olho gordo. Eficiente para purificar a aura e o ambiente, quando usada em defumações. Deixada no ambiente, afasta espíritos obsessores, no banho, elimina larvas astrais.

Artemísia Nomeada em homenagem à deusa Ártemis e conhecida como a "erva das bruxas", tamanho é seu poder mágico, esta é uma erva lunar usada para purificação e proteção e também para despertar a intuição, propiciar visões e projeções astrais. Também é excelente para limpeza energética dos cristais, por imersão no chá ou na defumação e no escalda-pés, para eliminar baixas vibrações.

Babosa Tem uma vibração calmante e purificadora e pode ser usada em feitiços de proteção e cura. Por ter formato de lança e propriedades regenerativas e de proteção, é uma erva indicada para se ter no altar durante trabalhos com energias mais densas e perigosas.

Boldo Além das suas propriedades medicinais, uma das ervas mais eficazes para a proteção espiritual. Ela bloqueia energias densas e desopila o fígado de energias hostis acumuladas. Também equilibra o excesso de ego e ajuda a pessoa a não remoer o passado. Usada em banhos, traz paz e auxílio espiritual.

Camomila Muito usada em chás, pelas suas vibrações calmantes, também é eficaz como incenso, para purificação e proteção do ambiente e para induzir o sono e a meditação. Polvilhe-a em torno de sua casa para se proteger contra ataques psíquicos ou mágicos. Faça um arranjo para usar no cabelo para atrair o amor ou leve um punhado de camomila no bolso para ter sorte. Pode ser semeada perto de plantas doentes para ajudar na sua recuperação.

Canela Com poderes afrodisíacos, é utilizada em incensos para induzir a paixão nos homens e para conferir prosperidade nos negócios. Um chá feito de paus e folhas de canela, na Lua crescente, promove a paixão, quando tomado ou borrifado no ambiente. Ela também fortalece as energias pessoais e atrai felicidade, dinheiro e justiça.

Gengibre Na magia, estimula e acelera as energias, produzindo resultados de maneira mais rápida e dinâmica. Em rituais, aumenta a energia pessoal e os poderes mágicos. É afrodisíaco, por isso utilizado também em magias de amor e sedução. Tem vibrações fortes em feitiços de prosperidade.

Guiné Purifica energias densas na aura e no ambiente. Temida pelos espíritos de baixa frequência, é utilizada em limpezas energéticas, na defumação de ambientes carregados e como antídoto para feitiços e energias hostis. Os banhos são indicados para pessoas com tensão nervosa, agitação e dores que andam pelo corpo.

Hortelã Com vibrações de limpeza serve para prosperidade, cura, dinheiro e sorte no amor. Também aumenta a concentração e o foco mental. A hortelã nos ajuda a ganhar mais e gastar menos.

Experimente esfregá-la nas notas de dinheiro e nos bilhetes de loteria para ter mais sorte e prosperidade.

Losna Renovadora de energias, esta erva é usada para melhorar o raciocínio, movimentar energias estagnadas e impulsionar transformações benéficas e a mediunidade. Também pode ser usada em feitiços para combater o desânimo e a falta de força de vontade.

Louro As folhas de louro são queimadas nos trabalhos psíquicos e de clarividência, assim como de purificação e cura. Antes de lançar um feitiço para melhorar a concentração e o raciocínio, esfregue uma folha nas mãos e só as lave depois de terminado o feitiço. O banho com folhas de louro traz prosperidade. Queime folhas de louro em casa, depois faça uma oração e mentalize uma redoma de luz ao redor da casa, para protegê-la.

Manjericão Tem uma variedade de usos, incluindo purificação, amor e proteção. Dar um vaso com um manjericão de presente garante boa sorte para quem o recebe. Na magia, o manjericão pode ser usado em feitiços de amor e na adivinhação. Ele também pode ser usado para garantir a fidelidade ou detectar a falta dela. Essa erva também abre a consciência para enxergar os erros, estimula a busca da verdade e fortalece a determinação.

Poejo Erva relacionada à hortelã, ideal para banir sentimentos como inveja ou olho gordo. Para proteção, faça um sachê com poejo e coloque-o na bolsa. Essa erva é muito usada na magia da prosperidade. Se você tem um negócio, coloque um raminho de poejo junto à porta para atrair clientes ou leve-o no bolso para atrair dinheiro.

Sálvia Esta erva é queimada para purificar e limpar o ambiente. Os antigos queimavam ramos secos de sálvia em templos e durante rituais religiosos. Os gregos e romanos afirmavam que a fumaça conferia sabedoria e lucidez. Na magia, leve folhas de sálvia na carteira para aumentar sua prosperidade. Queime folhas para aumentar a sabedoria ou obter a orientação de guias espirituais.

– Denise Rocha

Magia com ervas

Banho do sucesso

Na Lua crescente, ferva 1 litro de água e acrescente 7 cravos-da-índia, 7 folhas de louro e 7 pedaços de canela em pau. Deixe ferver por sete minutos, depois desligue o fogo e abafe. Quando a água estiver morna, tome uma chuveirada e depois despeje a água do banho do pescoço para baixo, pedindo com fé que o universo lhe traga dinheiro em abundância, prosperidade e sucesso. Não se enxague e deixe o corpo secar naturalmente.

Banho para atrair o amor

Para melhorar seu astral para atrair o amor, adicione ramos de coentro e pétalas de rosas cor de rosa na água fervente e, ao amornar, tome um banho e em seguida despeje a mistura, do pescoço para baixo, invocando Santa Sara e divindades ciganas. Deixe o corpo secar naturalmente.

Banho da paz

Ferva a água, desligue o fogo e acrescente algumas folhas de manjericão. Deixe descansar por três horas e, depois do banho, evoque seus guias espirituais e despeje a infusão do pescoço para baixo, pedindo que apaziguem seu espírito, eliminem as energias densas e reequilibrem seu corpo e sua mente.

Banho para a sedução

Ferva dois litros de água e, ao desligar o fogo, adicione um punhado de arruda, alecrim, boldo e guiné. Por fim acrescente um punhado de pétalas de rosa vermelha, uma dama da noite, uma colher de chá de canela em pó, uma colher de cravo-da-índia e algumas gotas do seu perfume preferido. Abafe a mistura e depois do banho, jogue do pescoço para baixo, pedindo às divindades do amor que intensifiquem sua sensualidade e poder de sedução.

Infusão da prosperidade

Para atrair prosperidade e sucesso profissional, faça uma infusão de camomila, adicione trevos e use essa mistura para limpar a sua mesa de trabalho e objetos de trabalho.

Feitiço para Ajudar Você a Conseguir seus números da sorte

Invoque o poder de Júpiter, o planeta da sorte, para ajudar você a descobrir seus números da sorte.

Você vai precisar de:
- ✓ Incenso de hortelã
- ✓ Uma folha de papel branco
- ✓ Massinha de modelar
- ✓ Tinta verde ou um marcador verde
- ✓ Um fio de lã vermelho de 30 cm
- ✓ Duas pedrinhas
- ✓ Uma colher de chá de sálvia
- ✓ Uma folha de papel vermelho

Uma semana antes de jogar na loteria, acenda o incenso e coloque a folha de papel branco, a massinha, a tinta (ou marcador) verde e o fio vermelho sobre uma mesa, sentando-se confortavelmente perto dela. Pegue a massinha nas mãos e faça uma bola. Pressione-a com o polegar esquerdo e dê uma pincelada de tinta verde na impressão deixada por ele (ou pinte-a com o marcador). Em seguida amarre a massinha com o fio vermelho e, segurando a bola nas mãos, diga:

> Como selo de Júpiter
> Pelo Poder de Mercúrio,
> Me dê agora cinco números

Coloque a bola sobre a mesa e bata palmas cinco vezes. (Caso você queira mais números da sorte, bata palmas na quantidade de números que quer e altere as palavras do encantamento.) Em seguida, anote os cinco primeiros números de vierem à sua cabeça. Depois deixe a bola mágica perto da sua carteira ou cartão do banco.

Depois que tiver jogado na loteria, deixe o bilhete entre as duas pedrinhas e fique a uma distância de um metro do bilhete e, com a sálvia na mão, olhe para as pedrinhas e esparrame a sálvia ao redor, no sentido horário, dizendo,

> Arádia, Fortuna, projete sua
> energia de vitória na minha direção agora!

Termine o feitiço embrulhando o bilhete de loteria na folha de papel vermelho, dizendo:

> Assim seja.

Este feitiço requer tempo e paciência, mas é muito eficaz para ajudar você a descobrir quais são os seus números da sorte.

Magias Poderosas para Aumentar a Prosperidade

Ao longo dos séculos, povos do mundo todo desenvolveram práticas de magia para a prosperidade. Cada tradição engendrou uma magia diferente e aqui você vai aprender alguns dos rituais mais simples, porém mais poderosos, para lhe trazer uma grande dose de sorte e prosperidade.

Providencie um saquinho de tecido verde e coloque dentro dele sementes de cumaru, três moedas, uma magnetita (ou um pequeno ímã), três nozes-moscadas e uma mistura das seguintes ervas secas: folhas de cedro, dinheiro-em-penca, manjericão. Amarre a boca do saquinho com uma fita verde, mentalizando a prosperidade inundando a sua vida. Numa noite de Lua Crescente, acenda uma vela verde e invoque uma das deusas da abundância: Bona Dea, Fortuna, Lakshmi ou outra, da sua devoção. Exponha o saquinho à luz da Lua, pedindo a ela que aumente o tamanho dos seus rendimentos à medida que ela aumenta no céu. Repita esse ritual por três noites, até a Lua cheia, e depois guarde o saquinho da bolsa, nunca deixando de agradecer à Lua e à deusa a quem fez o seu pedido.

Para fazer um *spray* da prosperidade estile 9 gotas de essência de citrino ou coloque a própria pedra de citrino num borrifador de meio litro, cheio de água. Acrescente 3 gotas de óleo de canela, de tangerina e de patchuli no borrifador. Agite bem. Segure o frasco com as duas mãos e visualize uma luz brilhante, verde-esmeralda, enchendo-o e cercando-o, e peça a deusa Lakshmi para infundi-lo com energia de prosperidade. Borrife toda a casa com esse *spray*, mentalizando prosperidade na sua vida.

No dia ou na noite de Lua nova, coloque uma rãzinha de plástico, borracha ou cerâmica num vaso com uma trepadeira-jade, de modo que ela fique virada para qualquer pessoa que entre pela sua porta de entrada. (A rãzinha não precisa estar escondida, mas é melhor que não esteja muito à vista, o que não deve ser tão difícil já que ela é bem pequena.) Em seguida, enterre uma moeda perto da base da planta como uma oferenda a ela e à rã. A cada dia ou noite, abaixe-se até onde está a rãzinha, coloque as mãos em concha e sussurre: *Obrigada por me trazer sorte e prosperidade*. Então, enterre outra moeda. Continue a fazer isso uma vez por dia até que 15 moedas estejam enterradas, o que será no dia de Lua cheia. Então prepare-se para viver uma vida plena de sorte e abundância.

Providencie sete moedas de um real e as disponha sobre uma superfície em forma de cruz. Em cada ponta da cruz coloque uma vela branca, mentalizando a abertura dos seus caminhos e pedindo a Deusa que seus rendimentos se multipliquem. Faça esse ritual numa noite de Lua nova ou quando a Lua estiver no signo de Touro.

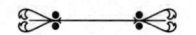

Para nunca deixar de ter prosperidade na sua casa, deixe um vasinho de manjericão perto de uma janela ou na porta da sua casa. Sempre leve algumas folhinhas com você no bolso ou espalhe pela sua mesa de trabalho, para atrair dinheiro.

Na Lua nova, de preferência quando ela estiver no signo de Touro, Virgem ou Capricórnio, adicione, num frasquinho de vidro, 3 gotas de essências de rosas, 3 gotas de essências de cravos, uma pitada de canela em pó em 100 ml de óleo de amêndoas ou azeite de oliva. Agite o frasco para homogeneizar a mistura, enquanto invoca os deuses da fortuna. Use esse óleo para untar uma vela de sete dias amarela, na qual você inscreveu a imagem de um sol. Assim que a Lua nascer, eleve a vela acesa na sua direção e recite o seguinte encantamento: "Da Lua tudo vem, até mesmo o Sol. Da Lua eu desejo que o raio solar materialize todos os meus desejos. Me dá a sua prata e do Sol me dê o ouro. Assim seja. Assim será. Amém." Até a Lua nova seguinte, com certeza o seu pedido se realizará. Mas não se esqueça de agradecer aos deuses da fortuna, ascendendo uma vela ou fazendo algum tipo de doação a crianças carentes.

Para conseguir um aumento de salário, carregue no bolso uma magnetita e um pedaço de resina sangue-de-dragão. Visualize seu salário aumentando, enquanto segura esses objetos mágicos ao longo do dia em que pretende pedir o aumento.

A Magia dos Apanhadores de Sonhos

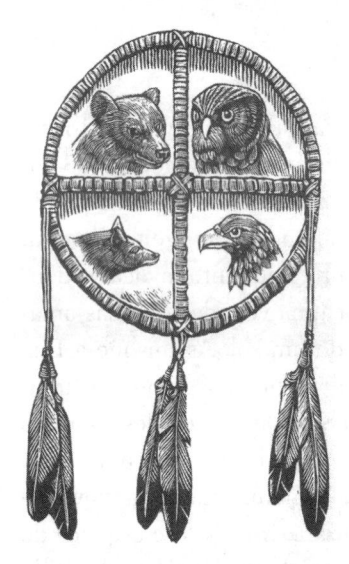

A arte do sono e o mistério dos sonhos têm interessado os buscadores espirituais de todas as procedências ao longo da História. Registros da análise de sonhos remontam a aproximadamente 3500 a.C. e existem evidências de eles eram estudados no Antigo Egito, Grécia, Babilônia, Fenícia, Japão e nas Américas, citando apenas alguns lugares.

Um dos símbolos do sono e dos sonhos que sempre me cativou é o apanhador de sonhos ou filtros de sonhos, como são mais conhecidos. *Bawaajige nagwaagan,* que na língua dos ojíbuas, povo indígena da América do Norte, significa "armadilha de sonhos", é um antigo símbolo da busca espiritual, e perdura até hoje em muitas culturas além das suas raízes dos povos indígenas norte-americanos.

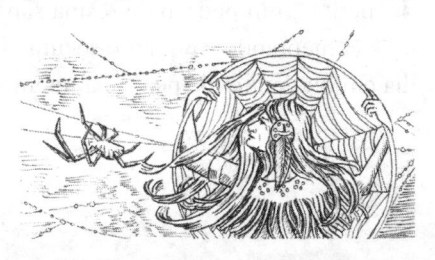

Contadores de histórias nas tribos ojíbuas falavam de uma "Avó-Aranha" chamada *Asibikaashi*, que era guia e protetora da tribo. Quando a nação Ojíbua se espalhou pela terra, o alcance e influência de *Asibikaashi* diminuíram. Para ajudar a proteger o povo (e suas crianças adormecidas e, portanto, indefesas), as mães e avós teceram redes mágicas usando aros de salgueiro e tendões de animais para fabricar apanhadores de sonhos, que guardavam a cama das crianças e eliminavam os maus sonhos, deixando apenas que pensamentos positivos entrassem nas mentes em desenvolvimento. Quando o sol nascia, seus raios atingiam a rede do apanhador de sonhos, vaporizando os maus sonhos e pensamentos negativos ali capturados. Talvez, com todos os desafios que enfrentamos enquanto espécie nesta nossa vida moderna e incrível, porém desafiadora, um pouco de proteção para afastar os maus sonhos não seja nada ruim.

É importante respeitar as origens do apanhador de sonhos e ter cuidado ao escolher um filtro de sonhos para sua casa. Fuja dos industrializados e dos fabricados comercialmente, pois terão suas propriedades alteradas. Se você optar por fazer o seu (existem disponíveis muitos tutoriais excelentes na internet), recomendo que use cores e contas com as quais se identifique, e, enquanto estiver trabalhando nele, peça proteção de quaisquer guias espirituais em que você acredite, sejam eles seus ancestrais, uma divindade ou espírito, ou a própria Mãe Terra. Pense nos seus sonhos positivos e imagine que a blindagem que você está criando fará o bloqueio de quaisquer pensamentos ou sonhos que possam trabalhar contra você nos sonhos e ao despertar.

Assim como o filtro de sonhos captura pesadelos, é sua função agora começar a apanhar todos os seus sonhos, tanto bons quanto maus, e decodificá-los. Muitas pessoas dormem ao longo de toda a vida, alheias às numerosas oportunidades para buscar mais elementos para explicar o que acontece entre o momento em que fecham os olhos e o momento em que os abrem novamente. Mas não você. Do ponto de vista espiritual, você está tão desperta quanto uma criança de 3 anos estimulada por doces e mais doces. Você está desperta tanto para sua vida diária quanto durante o sonho, e está seguindo em frente com uma nova linguagem que a ajudará a interpretar os sinais e sintomas do seu espírito loquaz. Na condição de buscadora espiritual, o objetivo do jogo é ligar os pontos, seguir os sinais e farejar as trilhas espirituais traçadas pela sua alma. No entanto, não se esqueça de aproveitar ao máximo as pistas que lhe são fornecidas quando você está sonhando. O caminho pode ficar acidentado às vezes, mas não se preocupe – você não é a única a passar por isso.

Aprenda a fazer um apanhador de sonhos

Você vai precisar de:
- Ramos de salgueiro ou um bastidor de madeira, utilizado para bordar
- 3 argolas (utilizadas para artesanato e aplicação em cortinas)
- 1 tesoura
- Barbante da cor da sua preferência
- Penas

Faça um círculo utilizando ramos de salgueiro ou um bastidor de madeira. Amarre o barbante no círculo e dê um nó cego. Em seguida, vá enrolando o barbante ao redor de todo o círculo e dê um nó bem firme no final. Comece a fazer a teia, com o mesmo barbante. Puxe o fio até que ele forme uma linha reta no aro, em seguida, passe o fio novamente em volta do aro e por dentro da linha reta criada anteriormente, formando um nó. Faça novamente o mesmo procedimento, mas por toda a lateral do arco. Tente manter uma distância padrão entre os nós para formar o filtro dos sonhos. Depois, comece a fazer os nós dentro das linhas de barbante já posicionadas, até fechar a teia. Ao final, faça um nó e corte a ponta que sobrar. Quando a teia no centro do círculo estiver pronta, pegue outros pedaços de barbante e amarre na parte inferior do aro, deixando esses pedaços de barbante pendurados. Na parte de cima do aro, faça uma alça para que o filtro dos sonhos possa ser pendurado. Para finalizar, cole penas, contas, cristais ou outros enfeites nas pontas dos barbantes para formar o filtro dos sonhos.

Você sabia que cada parte do apanhador dos sonhos possui um significado?

- ✓ O círculo do filtro dos sonhos representa a eternidade, o círculo da vida e o sol.
- ✓ O centro do filtro dos sonhos representa o nosso interior.
- ✓ A teia representa o caminho, nossa alma e o livre-arbítrio.
- ✓ As penas representam o ar, sabedoria e coragem.
- ✓ As pedrinhas representam a cura e eliminam nossos medos e tristezas.
- ✓ As cores do filtro dos sonhos transmitem sensações e refletem seu humor e personalidade.

– Extraído e adaptado de O *Despertar da Deusa*, Emma Milson, Editora Pensamento.

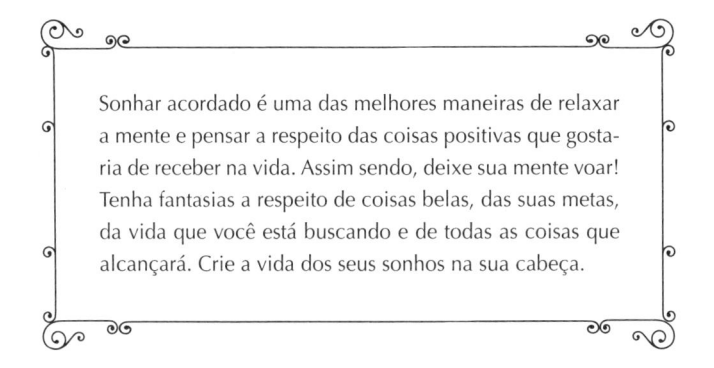

Sonhar acordado é uma das melhores maneiras de relaxar a mente e pensar a respeito das coisas positivas que gostaria de receber na vida. Assim sendo, deixe sua mente voar! Tenha fantasias a respeito de coisas belas, das suas metas, da vida que você está buscando e de todas as coisas que alcançará. Crie a vida dos seus sonhos na sua cabeça.

Oração de proteção

"Brigid, deusa vitoriosa da luz,
Cubra-me com teu manto sagrado,
Vigia-me sempre com teus olhos,
Proteja-me com teu cajado.
De manhã até anoitecer,
Por onde eu andar ou estiver,
De dia, ou de noite,
Que eu seja sempre protegida, honrada,
Acolhida e favorecida,
Brigid, deusa poderosa e protetora,
Fique ao meu lado, seja a minha companheira,
Minha conselheira, guardiã e defensora.